복지사각지대
예방과 발굴

복지사각지대

위기가구를 지원하는
복지제도 해설

2판

이용교

예방과 발굴

인간과복지

차 례

머리말

대한민국헌법은 "모든 국민은 인간다운 생활을 할 권리를 가진다. 국가는 사회보장·사회복지의 증진에 노력할 의무를 진다"는 조항을 담고 있습니다. 국가와 지방자치단체 등은 국민이 인간다운 생활을 할 수 있도록, '복지로' 사이트나 행정복지센터 등에 신청하면 받을 수 있는 복지급여 1만 가지(그중 중앙부처가 만든 것 440가지) 이상을 만들었습니다. 그런데 대부분의 복지급여는 본인이나 가족이 신청할 때만 받을 수 있습니다(신청주의). 국민은 복지급여를 받을 자격이나 조건이 되면 국가나 지방자치단체가 알아서 줄 것으로 기대하는데, 정부는 국민이 신청할 때만 자격이나 조건이 되는지를 확인하여 제공합니다. 모든 국민이 복지제도를 알아야, 복지급여를 신청하고 누릴 수 있습니다.

사회보장기본법은 사회보장을 사회보험, 공공부조, 사회서비스로 규정합니다. 그중 "공공부조"란 국가와 지방자치단체의 책임하에 생활 유지 능력이 없거나 생활이 어려운 국민의 최저생활을 보장하고 자립을 지원하는 제도입니다. 생활이 어려운 국민은 국민기초생활보장법 등에 의거하여 정부에게 최저생활을 보장하도록 요구할 수 있습니다. 이 법에 따른 급여는 '건강하고 문화적인 최저생활'입니다. 기초생활보장은 소득보장을 기반으로 의료보장, 주거보장, 교육보장 등과 연계되어 있습니다. 사회보장기본법 등에 따르면, 모든 국민은 출산, 양육, 실업, 노령, 장애, 질병, 빈곤 및 사망 등의 사회적 위험으로부터 벗어나 행복하게 살 권리가 있습니다. 어떤 국민이 다양한 이유로 행복하고 인간다운 생활을 향유할 수 없다면 정부는 사회보장·사회복지를 실시할 책임을 피할 수 없습니다.

정부는 모든 국민의 인간다운 생활을 보장하기 위해 국민기초생활보장제도를 만들어 발전시켰고, 위기가구를 발굴하고 지원하기 위해 긴급복지지원제도로 보완하였으며, 사회보장급여법을 제정하여 지원대상자를 발굴하고 지원하고 있습니다. 하지만 위기가구가 복지급여를 받는 것은 쉽지 않습니다. 대부분의 복지급여는 본인이나 가족이 복지로나 행정복지센터에 신청할 때만 받을 수 있기 때문입니다. 신청하려면 어떤 복지급여를 어떤 상황에서 받을 수 있는지를 알아야 하는데, 위기에 처한 사람은 복지정보에 어둡거나 알아도 신청을 꺼리는 경우가 많습니다. 따라서 지역사회보장협의체 위원, 주민자치 위원, 통장·반장, 명예 복지동장, 명예 복지공무원 등 다양한 주민지도자는 위기가구를 지원하는 복지제도를 알고, 복지사각지대의 발굴과 지원을 위해 힘써야 합니다. 이 점이 필자가 이 책을 쓴 이유입니다. 이 책은 국민기초생활보장제도와 긴급복지지원제도를 근간으로 하면서 기초연금, 아동수당, 대학생 국가장학금, 공공임대주택, 국민내일배움카드 등도 다루었습니다.

복지제도가 저소득층 중심에서 전체 국민으로 확장되고 있습니다. 이에 필자는 모든 국민이 생애주기별로 다양한 복지욕구를 충족시킬 수 있도록 공공복지를 활용하는 방법을 제안합니다. 이 책의 목적은 모든 국민이 복지제도를 잘 이해하고 활용하여 인간다운 생활을 누릴 수 있도록 하는데 있습니다. 이 책은 2024년 복지제도를 기준으로 집필되었습니다.

복지제도는 매년 조금씩 달라지고, 세부 내용이 바뀌기도 합니다. 독자 여러분은 '복지로' 사이트나 보건복지부, 고용노동부, 국토교통부 등 관련 부처의 누리집에서 최신 정보를 확인하기 바랍니다. 복지급여를 잘 모르면 일단 '복지로'를 검색하고 신청하기 바랍니다. 당사자가 신청해야 복지급여를 받고 헌법에 규정된 복지권을 누릴 수 있습니다.

2024년 1월 빛고을에서

이용교 씀

01

모든 국민은 인간다운 생활을 할 권리가 있습니다

대한민국헌법 제10조에는 "모든 국민은 인간으로서의 존엄과 가치를 가지며, **행복을 추구할 권리**를 가진다. 국가는 개인이 가지는 불가침의 기본적 인권을 확인하고 이를 보장할 의무를 진다."라고 규정되어 있습니다. 따라서 어떤 국민이 행복을 추구할 권리를 누리지 못한다면, 국가가 "개인의 기본적 인권을 확인하고 이를 보장할 의무"를 제대로 이행하지 못한 것으로 간주할 수 있습니다.

헌법상 개인은 부모나 보호자가 없는 고아, 독거노인, 중증장애인뿐만 아니라 나와 우리 가족도 해당됩니다. 그런데 많은 국민은 사회복지를 "보호자가 없거나 보호자가 있어도 보호할 능력이 없는 경우"에 한정해서 실시했던 시기의 공공부조로 한정시켜 생각합니다.

우리나라 헌법에는 "국가는 사회보장·사회복지의 증진에 노력할 의무를 진다"(제34조 제2항)라고 규정되어 있습니다. 사회보장기본법은 "사회보장이란 출산, 양육, 실업, 노령, 장애, 질병, 빈곤 및 사망 등의 사회적 위험으로부터 모든 국민을 보호하고 국민 삶의 질을 향상시키는 데 필요한 소득·서비스를 보장하는 사회보험, 공공부조, 사회서비스를 말한다."라고 규정합니다. 모든 국민은 '인간다운 생활을 할 권리'를 넘어서 '행복을 추구할 권리'를 누릴 수 있어야 하고, 어떤 국민이 이를 누리지 못하면 국가가 '사회보장·사회복지의 증진에 노력할 의무'를 제대로 이행하지 못한 것입니다.

아쉽게도 많은 국민은 '인간다운 생활을 할 권리'를 누리지 못하고 있습니다. 지구상에서 합계출산율이 가장 낮은 한국에서 태어난 아동 중 일부는 외국으로 입양되고 있습니다. 가장 가난한 노인 60만 명은 기초연금을 받으면 다음 달 생계급여에서 기초연금이 공제된 급여를 받아 기초연금을 실질적으로 받지 못하고 있습니다. 정부는 책정된 생계급여에 '최저생계비가 반영된 것'이므로 '보충급여의 원리'에 맞다고 주장합니다. 하지만 부모급여, 아동수당, 장애인연금, 장애수당은 생계급여에서 삭감하지 않고 있어 **줬다 뺏는 기초연금** 복지행정이 형평성 면에서 문제가 되고 있습니다.

이 책은 5천만 모든 국민이 '인간다운 생활을 할 권리'를 누릴 수 있도록, 국민기초생활보장제도, 긴급복지지원제도를 포함하여 사회수당, 사회서비스 등을 활용하는 방안을 제안합니다. 이 책은 국가의 복지제도, 주로 국가가 기획하고 예산을 책정하여 지방자치단체를 통해 수행하는 복지사업을 중심으로 다룹니다. 지방자치단체도 다양한 복지를 수행하는데, 지역마다 유형과 기준이 다르기에 모두 다루기에는 어려움이 있습니다. 자신이 사는 지역에서만 이루어지는 복지는 시·도 혹은 시군·구 누리집에서 검색하고, 읍면·동 행정복지센터에 신청할 수 있습니다.

이 책이 가장 필요한 사람은 기초생활보장 수급자가 아닙니다. 수급자로 선정된 사람은 정부가 복지급여를 제공하지만, 수급자가 아닌 사람은 어떤 복지급여가 있는지조차 몰라서 신청하지 못한 경우가 많습니다. 위기에 처한 사람이 **복지 사각지대**에 방치되어 있을 때, 이들을 발굴하여 국가의 복지체계에 연계시키는 지역사회보장협의체 위원, 명예 복지동장, 통장·반장 등에게도 이 책이 필요합니다. 정부는 위기가구를 접할 가능성이 높은 사회복지사, 교사, 의사, 간호사, 요양보호사 등 다양한 사람을 '신고의무자'로 규정하고 교육받도록 하고 있습니다. 누가 위기가구에 속하고, 이들에게 어떤 도움을 줄 수 있을지를 알기 위해 이 책을 읽을 것을 권장합니다.

모든 국민은 '인간다운 생활을 할 권리'와 '행복을 추구할 권리'를 국가로부터 보장받을 수 있다고 헌법에 규정되어 있기에 '헌법수호'의 차원에서 복지급여를 신청해야 합니다. 오천만 국민이 복지권을 누리는 것은 헌법을 준수하는 일입니다.

이 책에서 다루는 주된 복지제도

사회보장	**공공부조** (사회수당)	긴급복지지원(생계지원, 의료지원, 주거지원, 교육지원, 해산비 지원, 장제비 지원 등) 기초생활보장(생계급여, 의료급여, 주거급여, 교육급여, 해산급여, 장제급여 등) 재해구호
		아동수당, 기초연금, 장애인연금, 대학생 국가장학금 등
	사회서비스	영유아보육, 아동복지, 청소년복지, 노인복지, 장애인복지, 여성복지, 가족복지, 정신건강복지, 지역복지 등
	사회보험	국민연금, 건강보험, 노인장기요양보험, 고용보험, 산업재해보상보험, 공무원연금 등

보건복지부 http://www.mohw.go.kr

법제처(종합법률정보센터) https://www.moleg.go.kr

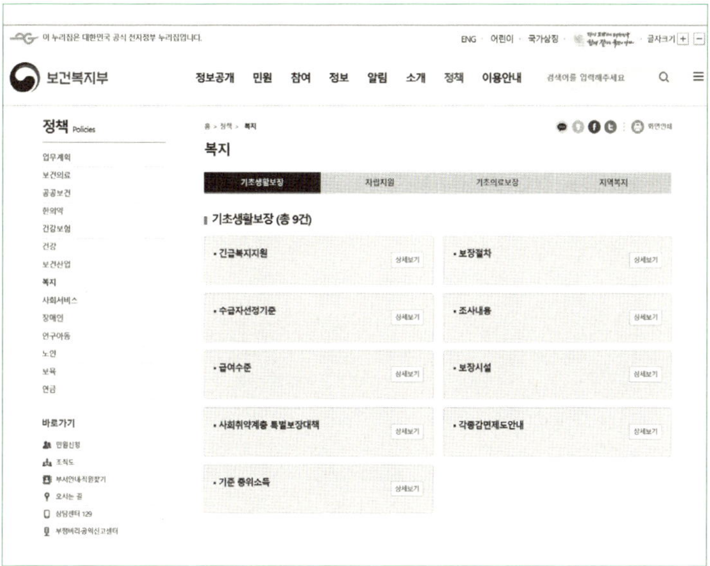

<사진 자료: 보건복지부 누리집 정지화면>

02

당사자가 복지급여를 신청해야 받을 수 있습니다

기초생활보장 수급자는 생계급여 수급자, 의료급여 수급자, 주거급여 수급자, 교육급여 수급자로 나뉩니다. 가구 소득인정액이 기준 중위소득의 50% 이하이면 교육급여 수급자로, 중위소득의 48% 이하이면 주거급여 수급자, 중위소득의 40% 이하이면 의료급여 수급자, 32% 이하이면 생계급여 수급자로 선정될 수 있습니다(32쪽 참고).

과거에는 가구의 소득과 재산이 낮아도 **부양의무자**의 소득과 재산이 높다는 이유로 수급자로 선정되지 못한 경우가 많았습니다. 부모는 자식을 부양하고, 자식은 부모를 부양할

의무가 있습니다. 교육급여 수급자는 부양의무자 기준이 없었고, 2018년 10월부터 주거급여 수급자도 부양의무자 기준이 폐지되었습니다. 2021년 10월부터 생계급여 수급자를 선정할 때에도 부양의무자의 연간 소득이 1억원 이하이거나 재산(주거용재산과 자동차 등 모든 일반재산의 합)이 9억원 이하이면 부양비를 산정하지 않습니다. 생계급여 수급자 일부(연간 소득 1억원 초과 혹은 재산 9억원 초과인 경우)와 의료급여 수급자 일부만 부양의무자 기준이 적용됩니다. 부양의무자가 있다는 이유로 기초생활보장 수급자로 선정되지 않은 폐단은 점차 사라지고 있으므로 복지급여가 필요한 사람은 '복지로'나 행정복지센터에 신청하기 바랍니다. 상당한 소득과 재산이 있는 사람도 부양의무자 기준이 적용되지 않는 교육급여 수급자나 주거급여 수급자로 선정될 수 있습니다.

기초생활보장 수급자는 4가지 유형별로 급여 종류가 다릅니다. 일반적으로 **생계급여 수급자**는 생계급여, 의료급여, 주거급여, 교육급여를 받고(간혹 부양의무자로 인하여 의료급여를 받지 못하기도 함); **의료급여 수급자**는 의료급여, 주거급여, 교육급여를 받으며; **주거급여 수급자**는 주거급여와 교육급여를 받고; **교육급여 수급자**는 교육급여를 받을 수 있습니다. 또한 생계급여·의료급여·주거급여 수급자가 자녀를 낳으면 해산급여(1인당 70만원, 다태아는 140만원)를 받고, 사망 시에는 장제급여(1구당 80만원)를 받습니다. 생계급여, 주거급여는 매달 현금을 통장으로 받지만, 의료급여는 당사자가 병원·의원을 이용할 때 정부가 의료기관에 해당 의료비를 지급하며, 교육급여는 당사자가 학교에 취학할 때 수업료 등은 교육기관이 받고 교육활동비는 보호자(혹은 당사자)가 카드(바우처)로 받을 수 있습니다. 기초생활보장 수급자는 국민기초생활보장법에 의한 급여와, 다양한 복지급여를 받을 때 우선적으로 받을 수 있습니다. 수급자는 공공임대주택에 우선 입주할 수 있고, 대학교에 특례 입학하여 국가장학금의 최고액을 받을 수 있습니다. 일하는 것을 조건으로 생계급여 등을 받는 '조건부 수급자'가 대학생이 되면, 학생은 근로의무가 없기에 생계급여를 받으면서 공부할 수도 있습니다.

2024년의 기준 중위소득은 2023년보다 4인 가구 기준으로 6.09%가 인상되었습니다(1인 가구 인상률은 7.25%). 중위소득은 전체 가구를 소득 순위로 나열했을 때, 중간에 해당하는 가구의 소득입니다(32쪽 참고). 기준 중위소득이 바뀌면 기초생활보장 수급자의 선정 기준이 바뀔 뿐만 아니라, 소득 정도에 따라서 지원 대상을 결정하는 12개 부처 76개 복지사업, 지방정부가 제공하는 복지급여도 영향을 받습니다. 수급자가 되려는 사람은 기준 중위소득과 소득인정액의 산정방식의 변화에 유의해야 합니다. **가구 소득인정액**은 소득평가액에 재산의 소득환산액을 합친 금액입니다. **소득평가액**은 근로소득, 사업소득, 재산소득, 이전소득을 모두 합친 금액에서 일부 공제한 금액입니다.

근로·사업소득은 세전소득의 30%를 공제하여 소득평가액을 산출합니다. 2024년에 1인 가구는 월 소득인정액이 71만 3102원 이하일 때 생계급여를 받을 수 있는데, 근로·사업소득만 있다면 30%를 공제받기에 실제 근로·사업소득이 101만 8717원 이하일 때 신청하면 받을 수 있습니다. 가구 소득인정액이 기준 중위소득의 32% 이하이고, 부양의무자가 없거나 있더라도 연소득이 1억원 이하 혹은 재산이 9억원 이하이면 '생계급여 수급자'로 선정될 수 있습니다. 생계급여 수급자가 받을 수 있는 매월 생계급여는 선정기준에서 해당 가구의 소득인정액을 뺀 나머지 금액입니다. 수급자의 가구 소득인정액이 0원이면 선정기준을 생계급여로 받고, 소득인정액이 10만원이면 그만큼 뺀 금액을 받을 수 있습니다.

복지급여는 통합하여 신청하는 것이 좋습니다. 부모급여, 아동수당, 가정양육수당, 에너지바우처 등 국가보조금을 한 곳에서 확인하고 신청할 수 있는 '보조금24' 서비스를 활용할 수 있습니다. 14세 이상 모든 국민은 보조금24에 가입하여 국가·지방자치단체·공공기관이 제공하는 보조금 사업을 확인할 수 있습니다. **보조금24**는 행정서비스통합포털인 **정부24**를 통해 약 1만 종의 정부보조금 내역을 찾아 알려주는 시스템입니다. 정부에서 개인·가구에게 제공하는 각종 급여(보조금)을 확인하기 위해 국민이 행정기관이나 부처별 누리집을 방문하지 않고도 정부24에서 쉽게 확인할 수 있습니다.

보조금24를 잘 활용하려면 본인 이름으로 회원 가입을 해야 합니다. 개인용 컴퓨터에서 정부24 누리집에 접속하거나 모바일로 **정부24 앱**을 이용하여 보조금24 서비스를 확인할 수 있습니다. 정부24 회원에 가입하여 로그인 후 보조금24 이용에 대한 '동의' 후에 이용할 수 있습니다. 보조금24 메뉴 클릭 시 신청하면 받을 수 있는 급여, 일부 자격조건만 확인되어 접수창구 담당자 확인이 필요한 급여, 받고 있는 급여 목록을 확인할 수 있습니다. 보조금24는 중앙정부와 지방자치단체가 제공하는 현금, 현물, 이용권, 서비스 등 5000여종에 대해 개인의 연령, 소득, 자격기준 정보를 행정기관에서 보유한 정보와 연계하여 받을 가능성이 높은 것을 맞춤으로 안내합니다. 분야별로는 복지, 고용, 농·수산분야 서비스가 많고, 수급자 유형별로 보면 기초생활보장 수급자, 차상위계층 등 저소득층, 노인, 장애인, 임산부와 영유아가 받을 수 있는 서비스가 많습니다. 지원 형태별로 보면 현금지원이 3000여종, 현물지원이 1000여종, 일자리·돌봄 서비스 600여종, 이용권이 380여종 있습니다.

가장 많이 활용하는 것으로 **현금**은 가정양육수당, 누리과정(유아학비)지원, 방과후 보육료지원, 출산전후휴가급여, 긴급복지 생계지원 등입니다. 융자는 장애인 자립자금 대여, 일반 상환 학자금대출, 기술창업자금 지원, 노후긴급자금 대부지원, 수산장비 구입 지원 등입니다. **이용권**은 통합문화이용권, 에너지바우처, 장애인활동지원, 스포츠강좌이용권, 산림복지서비스이용권 등입니다. **돌봄서비스**는 노인맞춤 돌봄서비스, 다함께 돌봄, 아이 돌봄서비스, 초등돌봄교실, 치매관리서비스 등입니다. **의료서비스**는 의료급여, 치매 치료관리비 지원, 노인 안검진 및 개안수술, 어린이 국가예방접종, 희귀질환자 의료비 등입니다. **일자리서비스**는 국민내일배움카드, 장애인 일자리 지원, 노인일자리 및 사회활동지원, 구직자 취업지원서비스, 지역주도형 청년일자리 등입니다.

따라서 14세 이상 국민은 보조금24에 회원 가입하기 바랍니다. '내가 받을 수 있는 보조금'을 맞춤형으로 검색하려면 성별·연령대-소득구간-개인특성-가구특성을 순차적으로 입력

합니다. 한 가구 안에 직장인, 주부, 영유아, 노인, 장애인 등이 있다면 각 가구원을 위한 맞춤형 보조금 사업을 확인하기 어렵습니다. 보조금24는 14세 이상 모든 국민이 가입할 수 있고, 가입한 사람만 컴퓨터나 스마트폰으로 검색하고 신청할 수 있습니다. 14세 미만 자녀에 한해서 받을 수 있는 보조금 사업을 부모에게 안내합니다. 가구원 중에 14세 이상은 모두 자신의 휴대폰을 통해 보조금 24에 가입하는 것이 유리합니다. 가구원에는 성별과 연령 등이 다양하기에 자신의 휴대폰으로 가입하면 손쉽게 검색하고, 맞춤형으로 보조금 신청을 안내받을 수 있습니다. 특히, 청년은 새롭게 설계되는 보조금 사업이 많고, 선착순 접수이기에 자주 검색하고 바로 신청하기 바랍니다.

보조금24는 개인의 회원정보를 토대로 여러 행정기관이 보유한 주민등록, 소득정보, 기초생활보장수급자·차상위 등 가구특성, 장애인·농업인·유공자 등 개인 자격정보와 서비스 수급 여부를 확인하여 대상자 조건이 모두 일치하는 경우에는 "신청하세요"로, 일부 조건만 확인되는 경우에는 "확인하세요"로 안내합니다. 하지만 정부가 보유한 공공정보를 모두 연계한 것은 아니고, 각종 급여는 담당 기관이 확인하여 제공하고, 서비스 총량이 제한된 경우가 많아서 안내한 결과와 실제로 받을 수 있는 것은 다소 차이가 있습니다. 예를 들면 '소득구간'은 '소득인정액'으로 입력되는데, 기초생활보장제도와 기초연금은 소득인정액의 산정방식이 달라 신청해야 확인됩니다.

각종 보조금 사업을 검색하고 받을 수 있을 때 "신청"하는 것이 중요합니다. 정부가 주는 복지급여는 가급적 온라인으로 신청하기 바랍니다. 정부24에서 온라인 신청이 가능한 서

'보조금24'에서 보조금 사업 검색하기

구분	세부 내용
생애주기	영·유아(생후~5세), 아동·청소년(만 6세~19세), 청년(만 20세~34세), 중장년(만 35세~64세), 노년기(만 65세 이상)
자격 · 생활환경	여성, 구직자, 근로자, 창업지원자, 기업인, 중소기업/소상공인, 환자, 장애인, 구호/구제대상자, 저소득층, 학생, 군인/보훈대상자, 농축수산인, 외국인/재외국민, 기관/시설, 입양가정, 소년소녀가장, 한부모/조손가정, 이산가족, 한센인, 다자녀, 다문화, 북한이탈주민, 독거노인, 일반
지원 혜택	전체 선택, 의료지원, 상담/법률지원, 문화/여가지원, 봉사/기부, 민원, 현금/현물, 서비스이용권, 대납, 대여, 감면/면제, 교육/용역, 융자/융자알선, 시설이용, 정보제공

비스는 25종이고, '복지로' 등 타 사이트에서 신청 가능한 것은 94종인데, 계속 늘어나고 있습니다. 온라인 신청이 어려운 사람은 행정복지센터를 방문하여 서비스 목록 열람 신청서를 제출하면 받을 수도 있습니다.

보조금24 https://www.gov.kr/portal
보건복지부 http://www.mohw.go.kr

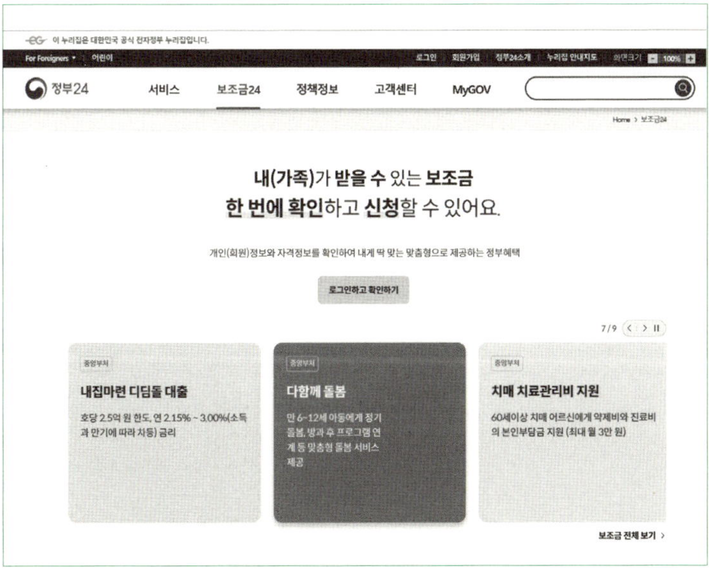

<사진 자료: 보건복지부 '보조금24' 누리집 정지화면>

03

알아야 복지급여를 신청할 수 있습니다

"알아야 면장"이란 말이 있습니다. 알아야 면장(面長)도 할 수 있다고 오해하기 쉬운데, 논어에 나온 낱말은 **면면장**(免面牆 담장을 벗어난다)이고, 공부를 하지 않으면 마치 담장에 얼굴을 마주 대하고 서 있는 것과 같다는 뜻입니다. "알아야 면장(免牆)을 하지"는 담장에 서 있는 듯한 답답함을 면하려면 공부하라는 말입니다.

국가와 지방자치단체가 국민에게 제공하는 복지급여가 1만 가지 이상이고, 보조금24가 맞춤 안내하는 현금, 현물, 서비스, 이용권이 5800가지이지만 어떤 것이 있고, 그것을 어떻게 신청하면 받을 수 있을지를 정확히 아는 사람이 많지 않습니다. 알지 못하면 신청하지 못하고, 설사 알더라도 신청하지 않으면 복지급여를 받을 수 없습니다. 예컨대 "가구 소득인정액이 기준 중위소득의 50% 이하인 사람이 복지로나 행정복지센터에 신청하면 교육급여를 받을 수 있습니다."라는 말을 이해하려면, 가구, 소득인정액, 기준 중위소득, 복지로, 행정복지센터, 신청, 교육급여 등을 알아야 합니다.

가구는 함께 살면서 생계를 같이 하는 **가족**입니다. 부부는 따로 살아도 한 가구로 보고, 미혼 자녀가 학업을 위해 떨어져 살아도 가구로 보지만, 군대간 자녀는 가구원으로 간주하지 않습니다. **가구원수**를 정확히 산정해야 이들이 번 소득과 재산을 소득인정액으로 산정할 수 있습니다. 같은 소득인정액일 때 가구원 수가 많으면 기준 중위소득이 높아지기에 수급자로 선정될 가능성이 높아집니다.

기준 중위소득은 매년 보건복지부 장관이 발표합니다. 전년도의 기준 중위소득에 물가상승율과 국민생활의 변화 등을 고려하여 가구원수별로 공표하기에 비교적 쉽게 확인됩니다.

문제는 국민 대부분이 **소득인정액**을 계산할 줄 모릅니다. 가구 소득인정액을 알아야 그것이 기준 중위소득의 50% 이하인지를 판단하고 수급자 신청을 할 수 있기 때문입니다. 근로소득이나 사업소득을 '소득인정액'으로 오해하는 사람이 많습니다. 가구 소득인정액은 모든 가구원이 번 **소득평가액**에 **재산의 소득환산액**을 합친 금액입니다. 소득은 근로소득, 사업소득, 재산소득, 이전소득을 모두 합친 금액이고, 그중 근로·사업소득의 30%를 공제한 금액에 나머지 소득을 합친 금액이 **소득평가액**입니다.

재산의 소득환산액을 산출하는 방법을 정리하면, 재산은 크게 **일반재산**(그중 일부는 **주거용 일반재산**), **금융재산**, **승용차**로 나뉘고, 이를 소득으로 환산합니다. 일반재산은 주택, 토지, 전세보증금 등을 합한 것에서 **기본재산공제액**을 공제하고 남은 금액에 월 4.17%를 곱해 소득환산액이 산출됩니다. **주거용 일반재산**일 경우에는 **지역별 주거용재산** 범위에서 1/4(1.04%)를 계산합니다. 은행 예금, 보험 등은 **금융재산**이고 생활준비금 500만원을 공제한 후 나머지 금액에 월 6.26%를 곱한 금액이 재산의 소득환산액입니다. **승용차**는 보험회사에서 인정하는 차량 가격에 월 100.0%를 계산합니다. 단 10년 이상 된 경차와 등록장애인이 쓰는 차량과 생업을 위한 차량은 '일반재산'으로 간주됩니다.

요약하면, 승용차는 차량 가격의 12배가 연간 **소득환산액**으로 간주되고, 금융재산은 공제액도 적고 일반재산보다

1.5배 높은 소득환산액으로 간주되며, 일반재산도 연이율 50% 소득환산액으로 간주되어 불합리합니다. 따라서 승용차가 있으면 팔고, 은행 통장에 있는 금융재산을 찾아서 전(월)세보증금과 같이 주거용 일반재산으로 전환하면 수급자가 될 가능성이 높아집니다.

2024년 기초생활보장 수급자 선정 방법

낱말	해설
가구	생계와 주거를 같이 하는 가족(가족이 아닌 동거인은 제외)
가구 소득인정액	모든 가구원의 소득평가액+재산의 소득환산액
소득	모든 가구원의 근로소득+사업소득+재산소득+이전소득의 합계액
소득평가액	소득-가구특성별 지출요인-{(근로소득+사업소득)×0.3}
재산의 소득환산액	(재산-기본재산공제액-부채)×소득환산율
재산의 소득환산율	일반재산: (일반재산-기본재산공제액)×월 4.17%(연 50%) -기본재산공제액은 서울 9,900만원, 경기 8,000만원, 광역·세종·창원 7,700만원, 그 외 지역 5,300만원 주거용재산: (지역별 주거용재산 범위내)×월 1.04%(연 12.5%) -지역별 주거용재산은 서울 17,200만원, 경기 15,100만원, 광역·세종·창원 14,600만원, 그 외 지역 11,200만원 금융재산: (금융재산-500만원)×월 6.26%(연 75%) 승용차: (승용차 보험가액)×월 100.0%(연 1,200%)

국민기초생활보장제도에서 수급자를 선정할 때 소득인정액을 산정하는 방식이 매년 조금씩 달라지고, 수급자 선정 시와 부양의무자의 부양비를 산정할 때 소득인정액을 산정하는 방식이 다르기에 사회복지직 공무원도 **사회보장정보시스템**에 가구원수, 소득, 재산 자료 등을 모두 입력한 후 산출할 수 있습니다.

어떤 국민이 복지급여의 수급자가 될 수 있을지에 궁금하면 '복지로' 누리집에 들어가서 '모의계산하기'를 하고, 수급자가 될 수 있을 듯하면 신청서를 제출해야 합니다. 휴대폰으로 '복지로' 앱에서 신청하거나, 행정복지센터에 신청하면 됩니다. 신청하기가 어려운 사람은 **129번**으로 전화하여 **"누가 좀 와서 도와주시기 바랍니다"**라고 말하면 긴급복지지원을 신청한 것으로 처리됩니다. 긴급복지지원만으로 위기를 극복할 수 있으면 그대로 종료되지만, 긴급복지지원으로 위기를 극복하기 어려운 경우에는 복지공무원이 국민기초생활보장 등 다른 복지제도를 신청하는 방법을 안내해 줄 것입니다.

2024년 기준 중위소득, 기초생활보장 수급자 선정기준, 긴급복지지원 대상자 선정기준 등은 다음 표와 같습니다. 특히 근로소득과 사업소득만 있을 때에는 해당 금액의 30%를 공제하기에 소득인정액보다 더 많은 소득이 있는 사람도 신청하면 수급자로 선정될 수 있습니다.

혹자는 국민기초생활보장 수급자의 선정기준이 낮기에 자신의 소득인정액을 계산할 필요가 있겠느냐라고 생각합니다. 하지만, 가구 소득인정액이 기준 중위소득의 60% 이하하면 초·

2024년 기준 중위소득과 기초생활보장제도 등의 수급자 선정기준

		1인가구	2인가구	3인가구	4인가구
기준 중위소득(100%)		2,228,445	3,682,609	4,714,657	5,729,913
소득인정액	생계급여(32%)	713,102	1,178,435	1,508,690	1,833,572
	의료급여(40%)	891,378	1,473,044	1,885,863	2,291,965
	주거급여(48%)	1,069,654	1,767,652	2,263,035	2,750,358
	교육급여(50%)	1,114,222	1,841,305	2,357,328	2,864,956
근로·사업 소득만 있는 경우	생계급여	1,018,717	1,683,478	2,155,272	2,619,339
	의료급여	1,273,397	2,104,348	2,694,090	3,274,236
	주거급여	1,528,077	2,525,218	3,232,908	3,929,083
	교육급여	1,591,746	2,630,435	3,367,612	4,092,795
긴급복지(중위소득 75%)소득		1,671,334	2,761,957	3,535,993	4,297,435
소득인정액	기초연금	2,130,000	3,408,000		
상시근로소득	기초연금	4,142,857	7,068,571		

중·고등학생의 교육비를 지원받을 수 있고, 소득인정액이 4인 가구 중위소득의 200%(약 1억3750만원) 이하인 대학생은 신청하면 국가장학금을 받을 수 있습니다.

이처럼 소득인정액은 국민기초생활보장 수급자뿐만 아니라, 모든 국민이 상식으로 알아야 할 낱말입니다. 그런데 '소득인정액'이란 낱말은 같지만, 기초생활보장 수급자 선정 시와 부양의무자의 부양비 산정시에 계산법이 다릅니다. 기초연금 수급자 선정 시 소득인정액을 계산하는 방식은 기초생활보장 수급자 선정 시와 크게 다릅니다. 예컨대, 노인부부중 한 사람의 근로소득은 월 208만원이고 다른 사람의 근로소득은 168만원이며 재산은 많지 않다면, 기초생활보장의 소득인정액은 합계(376만원)의 70%인 263.2만원이지만, 기초연금의 소득인정액은 각각 근로소득에서 110만원 공제후 합계(156만원)의 70%인 109.2만원입니다.

따라서 "소득인정액은 소득평가액+ 재산의 소득환산액입니다"만 알아서는 부족합니다. 소득평가액을 계산할 때 공제해주는 소득을 알고, 재산을 소득으로 환산할 때 공제 재산액이 다르고 환산율이 다양하다는 것을 알아야 합니다. 독자 여러분은 '복지로' 누리집을 클릭하고, 회원 가입을 한 후에 가구원수, 소득, 재산을 입력하여 소득인정액을 계산하기 바랍니다. 소득인정액을 계산한 후 해당 금액으로 받을 수 있는 복지급여를 찾아서 복지로 혹은 행정복지센터에 신청하기 바랍니다.

오천만 국민이 알아야 복지급여를 신청할 수 있는데, 소득인정액은 소득평가액, 소득, 근로소득과 다른 것임을 인지해야 합니다. 자신과 가족의 근로소득 등을 합산한 후에 그것을 소득인정액으로 생각하지 말고, '복지로'에서 모의계산하기 바랍니다. 소득인정액이 수급자 선정기준에 해당되거나 약간 높다면 신청하기 바랍니다. 신청한 국민만 복지급여를 받을 수 있습니다.

복지로 http://www.bokjiro.go.kr

사례 연구

홍길동 씨(66세, 남)와 홍길순씨(68세, 여)는 서울에서 오래된 단독 주택(공시가격으로 약 3억원) 자가에서 살고 있습니다. 홍길동 씨는 중소기업에 다니면서 근로소득으로 월 228만원을 벌고, 별도로 국민연금 50만원을 받고 있습니다. 홍길순 씨는 슈퍼마켓에서 시간제로 일하고 매달 148만원 가량을 벌고 있습니다. 통장에는 500만원 가량 있고, 은행 등에 빚은 없습니다. 부부의 근로소득과 연금을 합친 가구소득이 426만원으로 그럭저럭 생활하고 있습니다. 65세 이상으로 기초연금을 타려면 "가구 소득이 340.8만원 이하이어야 한다"는 말을 주변에서 듣고 신청하지 않았습니다. 아직 내 힘으로 살 수 있기에 나이가 더 들어 근로소득이 줄면 기초연금을 신청할 생각이었습니다.

그런데, 최근 홍길동 씨가 다니던 회사가 부도가 나서 갑작스럽게 일자리를 잃었고, 그 충격으로 우울증에 걸려 약을 먹는데 당분간 재취업을 하기 어려운 상황입니다. 갑자기 소득은 줄고 저축해둔 돈도 떨어져 생활비가 걱정되고 있습니다. 주변에서는 구청이나 행정복지센터에 도움을 요청해보라고 하지만, 내 집이 있고 국민연금도 받고 있기에 도움을 받을 수 있을지 걱정입니다. 그동안 남의 도움을 받지 않고 살아왔기에 공적 지원을 요청하길 망설이고 있습니다. 통장이나 복지관 사회복지사가 홍길동 씨 가족의 사정을 알았다면 어떻게 도움을 요청할 수 있을까요? 신청하면 어떤 복지급여를 받을 수 있을까요?

답변: 거주지의 구청을 방문하여 긴급복지를 신청할 수도 있지만, 가장 손쉬운 방법은 129로 전화하여 어려운 사정을 말하고, "누가 와서 도와주시기 바랍니다"라고 말하면 됩니다.

첫째, 내집이 있어도 실직자는 긴급복지를 받을 수 있습니다. 긴급복지는 가구 소득이 2인가구 기준 중위소득(3,682,609원)의 75% 이하, 재산이 241만원 이하, 금융재산이 600만원 이하일 때 받을 수 있습니다. 홍길동씨가 일할 때에는 소득이 426만원으로 기준에 넘치지만, 실직하였기에 228만원을 공제하면 아내의 근로소득 198만원+국민연금 50만원 합계 248만원으로 기준에 맞습니다. 재산이 약 3억원으로 국가가 정한 기준에 맞지 않지만, 서울시는 4억900만원 이하까지 지원하고 있습니다. 따라서 홍길동씨는 몇 개월간 생계지원 등을 받고, 입원 치료를 받는다면 의료지원도 받을 수 있습니다.

둘째, 홍길동 씨 부부는 기초연금을 신청하면 받을 수 있습니다. 기초연금 수급자를 선정할 때 근로소득은 매달 110만원을 공제받고 추가로 30%를 공제받습니다. 따라서 홍길동 씨의 근로소득 228만원은 82.6만원으로 간주되고, 홍길순 씨의 근로소득 148만원은 26.6만원으로 간주되어 합계 109.2만원에 국민연금 50만원을 더한 159.2만원이 가구소득으로 계산됩니다. 또한, 재산 3억원에서 135백만원을 공제하고 나머지에 4%를 곱한 후에 12개월로 나누면 '재산의 소득환산액'은 월 55만원입니다. 가구 소득인정액은 214.2만원으로 신청하면 부부가 받을 수 있는 기초연금의 최대액에 가까운 금액을 받을 수 있습니다.

간혹 "국민연금을 받으면 기초연금을 받을 수 없다"는 소문이 있는데, 국민연금으로 월 50만2210원 이상을 받은 사람만 기초연금 최대액의 50%까지 감액될 수는 있습니다. 홍길동 씨 부부는 그 기준에 약간 미치지 못하기에 감액되는 금액은 없을 것입니다.

셋째, 홍길동 씨 부부는 국민기초생활보장제도의 급여를 받기는 어렵습니다. 가구 소득인정액은 소득평가액+재산의 소득환산액인데, 홍길동 씨가 벌지 않더라도 홍길순 씨의 근로소득에서 30%인 44.4만원을 공제한 103.6만원에 국민연금 50만원을 합치면 153.6만원이 소득평가액입니다. 소득평가액에 재산의 소득환산액을 합친 소득인정액은 수급자 선정기준을 초과하기에 수급자로 선정될 수 없습니다.

종합하면, 홍길동 씨 부부는 129번으로 전화하여 긴급복지를 몇 달 동안 받고, 기초연금도 신청하여 매달 53만원 가량을 꾸준히 받습니다. 복지급여는 당사자나 가족이 신청할 때 받을 수 있고, 제대로 알아야 신청할 수 있습니다.

<사진 자료: 보건복지부 ‘복지로’ 누리집 정지화면>

04

긴급복지는 129로 신청하세요

시민이 받는 복지급여의 대부분은 행정복지센터에 신청합니다. 그런데 보통 사람이 복지급여를 신청하기 위해 행정복지센터를 방문하는 것이 쉽지 않습니다. 독거노인이나 중증장애인 등은 행정복지센터에 지원을 요청하지만, 갑작스럽게 실직하거나 사업이 어려워져 생계가 어렵거나, 병원비를 조달하기 어려운 사람은 우선 친인척이나 친구에게 도움을 청합니다. 이에 정부는 위기상황에 처한 국민이 좀 더 쉽게 복지급여를 신청할 수 있도록 보건복지상담센터인 **129번** 전화를 운용하고 있습니다. 전화로 도움을 요청하면 거주지 시군·구 담당공무원이 신청자를 찾아가 상담하고 지원합니다.

긴급복지지원제도는 2004년 대구에서 영양실조로 사망한 4세 아동을 장롱에 넣어둔 사건을 계기로 2006년부터 도입되었습니다. 기초생활보장제도는 빈곤층만을 지원하는 제도여서 갑작스럽게 위기에 처한 사람은 지원을 받을 수 없어 빈곤층으로 전락하기 쉬웠습니다. 빈곤층으로 전락한 후 기초생활보장제도로 보호하기보다 위기에 닥쳤을 때 긴급하게 지원하는 것이 더 효율적입니다. **긴급복지지원제도**는 긴급한 상황임을 고려해 **선지원 후처리**의 원칙으로 급여의 적정성은 나중에 심사합니다. 1개월(혹은 1회) 단위로 하나 상황이 개선되지 않으면 급여의 종류에 따라 최대 12개월까지 지원합니다. 대상자 선정기준은 가구 소득이 기준 중위소득 75% 이하이고, 재산기준에 적합해야 하지만, 기준보다 조금 높더라도 사정이 딱하면 지원합니다.

긴급복지지원의 절차는 위기상황에 처한 사람이 보건복지콜센터(129) 또는 시·군·구 긴급복지지원 담당 공무원에게 신청하는 것으로 시작됩니다. 신고를 접수하면 담당공무원은 48시간 이내에 현장 확인하고, 시장·군수·구청장은 공무원의 현장 확인을 바탕으로 지원 여부를 결정합니다. 긴급복지지원이 국민기초생활보장제도와 다른 것은 '선지원 후조사의 원칙'

으로 위기상황에 지원한 후에 조사한다는 점입니다. 현장에서 지원이 필요하다고 판단하면 지원하고, 이후 지원대상자의 소득과 재산 등을 조사하여 지원의 적정성을 심사하여 계속 지원 여부를 결정합니다.

긴급복지지원에 해당하는 **위기사유**는 생계유지가 곤란한 다양한 상황입니다. 대표적으로 주 소득자의 사망, 가출, 행방불명, 구금시설 수용 등의 사유로 소득을 상실한 경우; 중한 질병 또는 부상으로 입원진료 및 당일 외래수술을 하는 경우; 가구구성원으로부터 방임·유기되거나 학대 등을 당한 경우; 화재, 산사태, 풍수해 등으로 주택 또는 건물에서 생활하기 곤란한 경우; 영세자영업자의 휴업·폐업(신고일이 6개월 이내)인 경우 등입니다. 그밖에 보건복지부 장관이 정하는 사유로는 이혼으로 소득을 상실하고 가구소득이 중위소득의 75% 이하인 경우, 단전되어 1개월이 경과된 경우, 실직했지만 실업급여를 받지 못하는 경우, 교정시설 출소 6개월 이내의 자로 가족이 없거나 단절되어 생계가 곤란하거나 주거지가 없는 경우 등입니다.

따라서 위기에 처한 사람은 빨리 지원 요청을 하는 것이 좋습니다. 지원요청일 당시 위기사유 발생 후 6개월 이내여야 지원받을 수 있고, 혹 기간이 지나면 다른 제도로 연계 받을 수 있습니다. 긴급복지에서 지원대상자를 결정할 때 중요한 것은 소득입니다. 가구 소득이 기준 중위소득의 75% 이하일 때 지원받을 수 있습니다. 기준 중위소득은 매년 가구원수별로 그 액수가 정해집니다. 소득은 가구원 모두가 번 근로소득, 사업소득, 재산소득, 이전소득 등을 합친 것입니다. 소득에서 일부 지출은 공제받을 수도 있습니다. 즉 만성질환 등의 치료·요양·재활로 인하여 6개월 이상 지출되는 의료비, 중고등학생의 입학금·수업료, 월세로 매월 지출되는 임차료, 사회보험료, 신용회복 또는 개인회생으로 납부하고 있는 채무상환금과 금융부채로 지출되고 있는 원금과 이자비용 등은 증빙서류를 갖추면 공제받을 수도 있습니다.

가구 **재산**은 일반재산+금융재산+보험·주택청약저축 등을 합산하고 여기에서 공식적인 부채를 공제한 금액입니다. 자동차는 일반재산의 일종이고 차량가격을 산정합니다. 재산에서 제외하는 부채는 금융기관 대출금, 공증된 사채 등으로 차용한 금액 중 미상환 금액입니다. 마이너스 대출이나 카드론은 부채로 인정하지 않습니다. 대도시 주민은 재산이 241백만원, 중소도시 주민은 152백만원, 농어촌은 130백만원 이하일 때, 금융재산은 600만원(주거지원은 800만원) 이하일 때 지원받을 수 있습니다. 코로나19 상황이 장기화되면서 금융재산과 재산기준은 '한시적으로 완화'되었고, 시도와 시군·구에 따라 추가로 기준을 완화한 경우가 있습니다. 코로나19 상황이 심각할 때에는 금융재산에서 기본공제금에 추가로 '비상시 생활준비금'으로 중위소득의 150%를 공제해 준 적이 있습니다. 신청자의 재산이 기준보다 높은 경우에는 시·군·구**지역사회보장협의체**에서 **사례관리** 대상자로 결정하여 지원하기도 합니다. 긴급복지지원에서는 소득을 주로 보고, 재산은 큰 재산이 없는 경우에는 지원받을 수 있으니 신청하기 바랍니다. 긴급복지지원은 일시적인 지원이고, 설사 재산이 있더라도 거주하는 집은 팔기 어렵기에 재산 기준에 조금 넘치더라도 지원받을 수 있습니다.

긴급복지지원 대상자로 선정되면 생계지원, 의료지원, 주거지원, 교육지원 등 필요한 지원을 하나 혹은 복수로 받을 수 있습니다. 1개월 단위로 지원을 원칙으로 하나 위기상황이 해소되지 않을 경우 심의위원회의 심의를 거쳐 추가지원이 가능합니다. 긴급지원의 내용과 한도액은 매년 조금씩 인상되는 경향이 있기에 해당 연도의 기준을 살펴보기 바랍니다.

생계지원은 식료품비 의복비 등 생계유지에 필요한 비용 또는 현물을 지원받을 수 있습니다. 가구원 수에 따라 월 단위로 지원금액이 달라지는데, 기초생활보장제도의 '생계급여'

수준입니다.

의료지원은 중한 질병 또는 부상으로 인하여 발생한 의료비를 감당하기 곤란한 사람에게 최대 300만원 내에서 지원받을 수 있습니다. 만성질환은 대상이 아니나 갑자기 악화되어 긴급한 치료가 필요하다고 인정되는 경우에는 지원 가능합니다. 입원에서 퇴원까지의 검사, 치료에 소요된 비용 전부를 지원하되 이미 지급한 병원비는 지원하지 않습니다(아주 특별한 경우에만 지급). 2회까지 지원 가능하지만, 실비보험이 있으면 지원받기 어렵습니다.

주거지원은 위기상황으로 거소제공 또는 주거비 지원이 필요한 사람에게 국가 또는 지방자치단체가 소유한 임시거소를 제공하거나 임시로 거처할 수 있는 주거지를 확보하여 제공합니다. 지원액은 지역(대도시, 중소도시, 농어촌)과 가구원 수를 고려하여 결정됩니다. 위기상황이라 함은 가정폭력이나 집주인의 부채로 살던 집이 경매를 당해서 집을 비워줘야 하거나 불이 나서 타 없어지거나 홍수로 집이 무너진 경우 등입니다. 하지만, 집세를 내지 않아서 쫓겨나게 될 처지라거나 개인 사정으로 집을 나와서 갈 곳이 없는 경우 등은 지원대상이 아닙니다. 주거지원 금액은 지역과 가구원 수에 따라 정액으로 받습니다.

교육지원은 대상가정의 초·중·고등학생 자녀에게 화재나 수해 등의 사고로 손실된 학용품·교복과 '교육활동지원비'를 지급받습니다. 최대 2회인데, 사정이 있으면 4회까지 지원받을 수도 있습니다.

해산비는 긴급복지지원 대상자가 출산할 경우 70만원, 쌍둥이는 140만원을 지원받을 수 있습니다. **장제비**는 사체검안, 운반, 화장 또는 매장 등 장제에 소요되는 비용으로 80만원을

긴급복지제도의 지원 내용(2024년)

지원 종류	지원 내용
생계지원	월 1인가구 713.1천원, 2인가구 1,178.4천원, 3인가구 1,508.7천원, 4인가구 1,833.6천원
의료지원	병원 진료비 최대 300만원
주거지원	월 대도시 1~2인가구 398.9천원, 3~4인가구 662.5천원, 5~6인가구 874.0천원; 중소도시 299.0천원, 435.6천원, 574.1천원; 농어촌 188.9천원, 250.5천원, 329.9천원
교육지원	교육활동지원비(분기별 초등 127.9천원, 중 180천원, 고등 214천원) 최대 2회, 추가 2회 가능
해산비	단태아 70만원, 다태아 140만원
장제비	구당 80만원
연료비	동절기(10월~3월) 연료비로 월 150,000원
전기요금	연체된 전기요금 50만원 범위 내

지원받습니다. **동절기**(10월~3월) **연료비**를 월 단위로 지원받고, 단전이 되어 1개월이 경과된 때 연체된 **전기요금**을 50만원 범위 내에서 지원받을 수 있습니다. 이 경우에는 소전류 제한기 부설과 재공급 수수료를 포함하여 받을 수 있습니다.

긴급복지지원 대상자의 신청 지역은 주민등록상 거주지입니다. 가구구성원 중 주소득자가 직장 등의 사유로 가구구성원과 분리하여 주거 및 주민등록을 달리하는 경우도 동일가구로 인정합니다. 기초생활보장 수급자의 경우 원칙적으로 긴급복지지원 대상이 될 수 없습니다. 다만, 수술 또는 중환자실 이용 등 긴급한 사유로 의료비를 감당하기 곤란한 경우에 신청이 가능합니다. 긴급복지지원은 행정복지센터에 신청해도 가능하나 시·군·구청에서 하는 것이 빠릅니다. 국민은 보건복지콜센터 129번으로 전화하는 것이 편리합니다. 긴급복지지원을 신청하면 기준에 맞는지를 보는데, 소득과 재산이 기준보다 조금 많다는 이유로 지원을 받지 못하기도 합니다. 이에 서울 등 일부 시도는 더 높은 소득과 재산을 가진 사람도 지원받을 수 있도록 하고 있습니다.

따라서 위기 상황에 처한 국민이 129번으로 전화하여 긴급복지지원을 신청하는 것이 중요합니다. 정부는 위기에 처한 국민을 찾아서 지원하기보다는 국민이 도움을 요청하면 기준에 맞는지를 살펴보는 방식입니다. 긴급복지지원을 통해 생계지원, 의료지원, 주거지원, 교육지원 등을 할 수 있고, 긴급복지지원을 시행했지만 위기를 해결하기 어렵다면, 기초생활보장제도 등 다른 복지제도를 적용합니다. 필요한 경우에 사회복지공동모금회, 대한적십자사 등 민간자원을 연계해줍니다. 긴급복지지원은 위기 극복의 수단일 뿐만 아니라, 국민기초생활보장제도 등 다양한 복지급여를 활용하는 통로가 됩니다. 도움이 필요한 국민이 긴급복지지원을 신청해야 하는 이유입니다.

보건복지상담센터 https://www.129.go.kr

일부 지방자치단체는 국가 기준보다 더 높은 기준으로 긴급복지를 시행합니다. 서울은 가구 소득이 기준 중위소득의 100% 이하, 재산이 4억900만원 이하, 금융재산이 1000만원 이하일 때에 긴급복지를 지원합니다. https://news.seoul.go.kr/welfare/archives/48196 경기도는 가구 소득이 기준 중위소득의 100% 이하, 재산은 특례시 372백만원, 시 310백만원, 군 194백만원 이하, 금융재산은 1200만원+생활준비금(기준 중위소득의 100%) 이하일 때 긴급복지를 지원합니다. 다른 지역도 소득이 기준 중위소득의 100% 이하인 사람이 신청하면 사례회의 등을 통해 긴급복지를 지원하는 경우도 있습니다.

05

생계급여로 매월 생계비를 받을 수 있습니다

가구 소득인정액과 부양의무자의 부양비 합계액이 기준 중위 소득의 32% 이하일 때 당사자가 행정복지센터에 신청하면 생계급여 수급자로 선정될 수 있습니다. 생계급여 수급자는 생계급여·의료급여·주거급여·교육급여 등을 받을 수 있습니다.

생계급여 수급자는 해당 가구가 가난할 뿐만 아니라, **부양의무자**가 없거나 있더라도 부양 능력이 미약할 때 선정될 수 있었습니다. 부양의무자는 노인에게는 자녀이고, 젊은 세대에게는 부모입니다. 즉 어떤 노인의 소득과 재산이 매우 낮아도 자녀에게 상당한 소득과 재산이 있으면 생계급여 수급자가 되기 어렵습니다.

정부는 2021년 10월부터 생계급여 수급자를 선정할 때, 부양의무자 기준을 크게 완화했습니다. 부양의무자 중에 연간 소득이 1억 원 초과이거나, 재산(주거용재산과 자동차 등 모든 일반재산의 합, 금융재산은 고려하지 않음)이 9억원 초과한 사람에게만 '부양비'를 산정합니다. 부양의무자는 1촌 이내의 직계혈족과 그 배우자이므로 노인은 자녀와 그 배우자(며느리, 사위) 중 한 명이라도 소득 1억원 초과나 일반재산 9억원 초과이면 수급자가 되기 어렵습니다. 부양의무자가 있더라도 연간 가구 소득이 1억원 이하이고 일반재산이 9억원 이하이면, 부양비를 산출하지 않습니다.

생계급여 수급자를 선정할 때, 부양의무자 기준이 완화되고 관련 서류를 제출하는 방식도 바뀌었습니다. 과거에는 당사자가 생계급여를 신청할 때, '부양의무자의 정보이용동의서'를 제출하도록 하였습니다. 이제는 당사자가 신청서를 내면, 담당공무원이 '사회보장정보시스템'을 통해 부양의무자의 소득과 재산을 조사하는 방식으로 바뀌었습니다. 신청자가 부양의무자의 정보이용동의서를 제출하지 않아도 됩니다. 생계급여에서 부양의무자 기준의 '사실상 폐지'는 역사적으로 의미가 큽니다. 수급자를 선정할 때 부양의무자 기준은 1961년

생활보호법 때부터 이어져왔습니다. 조선 시대 자휼전칙과 일제강점기 조선구호령도 구호가 필요한 사람이 생기면 우선 가족 혹은 연고자가 돌보는 것을 원칙으로 하여 '부양의무자의 기준'은 뿌리가 깊었습니다.

그동안 정부는 기초생활보장제도에서 **부양의무자** 기준을 단계적으로 완화했습니다. 2017년 11월부터 장애인가구, 노인가구, 한부모가구 등 취약계층부터 부양의무자 기준을 완화했습니다. 부양의무자 기준의 완화로 **복지 사각지대**가 크게 해소되었습니다. 기초생활보장 수급자 수는 2017년 158.2만명(전체 인구의 3.06%), 2018년 174.4만명(3.37%), 2019년 188.1만명(3.63%), 2020년 213.4만명(4.11%), 2021년 236.0만명(4.57%), 2022년 245.1만명(4.76%)으로 늘었습니다.

기초생활보장 수급자를 선정할 때 부양의무자 기준이 완화되었더라도 가난한 국민이 모두 기초생활보장을 받을 수 있는 것은 아닙니다. 복지급여는 자격이나 조건이 된다고 자동으로 받는 것이 아니라, 본인이나 가족이 신청할 때 정부가 확인하여 제공하기 때문입니다. 국민은 자신이 받을 수 있는 복지급여로 무엇이 있는지를 알고 신청해야 합니다.

생계급여 수급자는 매달 정부로부터 생계비를 받을 수 있는데, 그 액수는 '생계급여 수급자 선정기준-가구 소득인정액'입니다. 즉, 어떤 수급자의 소득인정액이 0원이면 생계급여를 매달 전액까지 받고, 소득인정액이 10만원이면 생계급여는 그만큼 감액됩니다. 수급자가 생계급여만으로 헌법에 규정된 '인간다운 생활을 할 권리'를 누리기는 어렵습니다. 생계급여 수급자는 생계급여와 함께 의료급여, 주거급여, 교육급여 등을 받을 수 있습니다. 생계급여 수급자가 월세방에서 산다면 주거급여(기준 임대료)를 받고(60쪽 참고), 병원이나 약국을 이용할 때에는 의료급여도 받을 수 있습니다(55쪽 참고).

현재 논란이 많은 사안은 노인이 '기초연금'을 받으면, 다음달 생계급여에서 그만큼 덜 받는다는 점입니다. 기초연금법은 기초생활보장 수급자에게 기초연금 전액을 주도록 규정하지만, 국민기초생활보장법 시행령은 '기초연금법에 의한 연금'을 이전소득으로 간주합니다. 이 때문에 달리 근로소득이나 사업소득이 없는 독거노인이 기초연금을 받으면 그 다음달 생계급여에서 그만큼 감액된 금액만 받습니다. 국회에서 법으로 정한 기초연금을 행정부에서 시행령으로 회수하는 꼴입니다. 이에 '세상을 바꾸는 사회복지사' 등이 생계급여 수급자인 노인과 함께 헌법소원을 하였지만, 헌법재판소는 행정부의 재량사항이라고 유보하였습니다. 그런데, 한때 월 94,600원이었던 기초(노령)연금이 20만원, 25만원, 30만원, 32.3만원, 33.4만원으로 인상될 때마다 생계급여 수급자 노인은 생계급여액에서 그만큼 감액된다는 점에 분통을 터뜨립니다. 머지않아 기초연금이 40만원으로 인상되면 이 형평성 문제는 더욱 심각해질 것입니다. 아동에게 주는 아동수당, 가정양육수당, 장애인에게 주는 장애인연금, 장애수당 등도 모두 '이전소득'이지만 생계급여에서 공제하지 않는데, 유독 '기초연금'을 이전소득이란 이유로 공제하는 것은 불합리합니다. 이 땅에서 가장 가난한 노인도 헌법상 규정된 '인간다운 생활을 할 권리'를 누릴 수 있도록 **줬다 뺏는 기초연금**을 시급히 고쳐야 합니다.

한국사회보장정보원 http://www.ssis.or.kr
빈곤사회연대 http://antipoverty.kr
세상을 바꾸는 사회복지사 http://www.sebasa.org

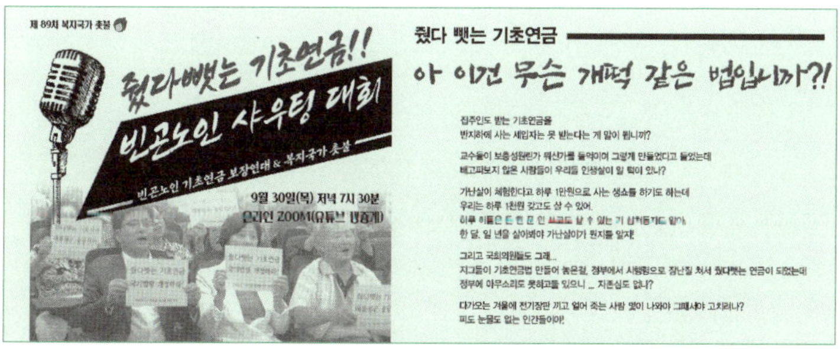

<'줬다뺏는 기초연금' 시정을 요구하는 사회복지사들의 신문광고.
사진, 세상을바꾸는사회복지사>

06

의료급여로 질병을 치료받을 수 있습니다

가구 소득인정액과 부양의무자의 부양비 합계액이 기준 중위 소득의 40% 이하일 때 당사자가 행정복지센터에 신청하면 **의료급여 수급자**로 선정될 수 있습니다. 의료급여 수급자는 의료급여, 주거급여, 교육급여 등을 받을 수 있습니다. **의료급여**란 생활유지 능력이 없거나 생활이 어려운 저소득 국민의 의료문제를 국가가 보장하는 제도로서 건강보험과 함께 국민 의료보장의 중요한 수단입니다. 의료급여를 받을 수 있는 자격은 근로능력, 소득, 재산과 부양의무자 등을 봅니다.

생계급여는 현금이 원칙인데, 의료급여는 현물급여 중심입니다. 수급자가 병원에서 진찰·검사·약제·치료·예방·입원·재활 등 의료서비스를 받을 때와, 처방약을 약국에서 구매할 때 비용을 지원받는 방식입니다. 의료급여 수급자는 1종, 2종이 있는데, **1종 의료급여** 수급자는 18세 미만 아동 혹은 65세 이상 노인, 중증장애인 등 근로능력이 없거나 근로가 곤란하다고 보건복지부 장관이 정하는 자만으로 구성된 가구입니다. **2종 의료급여** 수급자는 가구원 중에 18세 이상 65세 미만으로 근로능력이 있는 가구, 자활사업 참여자나 이행기 급여를 받는 가구, 기타 대상자 중 의료급여 1종을 제외한 가구입니다.

한편 실제 소득에서 6개월간 지속적으로 지출되는 의료비를 공제하면 의료급여 수급자 요건에 해당하나 수급자 선정 이후에는 공제대상 지출이 발생하지 않아 소득인정액이 의료급여 기준을 초과하는 가구는 특례 의료급여 수급자로 선정될 수 있습니다. 이 경우에 전체 가구원이 아닌 의료비가 발생하는 가구원만 보장합니다. 의료급여 1종은 희귀난치성 질환 및 중증질환 등록자이고, 그 외에는 의료급여 2종이 됩니다. 1종 의료급여 수급자는 입원은 무상이고, 외래는 의료기관에 따라 1,000원~2,000원의 자부담이 있습니다. 2종 의료급여 수급자는 입원은 전체 진료비의 10%를 부담하고, 외래는 의원은 1,000원, 병원·종합병원·상급종합병원은 진료비의 15%

를 자부담합니다. 의료급여 수급자라도 비급여 청구분은 본인이 부담해야 합니다.

의료급여 수급자의 본인 부담액

의료급여 종류	의료급여 1종		의료급여 2종	
외래·입원	외래	입원	외래	입원
1차(보건소, 의원)	1,000원	없음	1,000원	10%
2차(병원, 종합병원)	1,500원	없음	15%	10%
3차(상급 종합병원)	2,000원	없음	15%	10%
약국	500원	없음	500원	없음
본인 부담 한도액	매월 5만원		연간 80만원	

의료급여 수급자 본인부담 완화제도로 '본인부담 보상제'와 '본인부담 상한제'가 있습니다. **본인부담 보상제**는 의료급여 수급자의 본인부담금이 기준금액을 초과한 경우 초과 금액의 50%를 돌려주는 제도입니다. 1종 수급자는 30일간 2만원을 초과한 경우 초과금액의 50%, 2종 수급자는 30일간 20만원을 초과한 경우 초과 금액의 50%를 지급합니다. 입원 진료비 외에 외래진료비 약제비도 지원하지만, 식대 중 본인 부담비와 비급여 항목은 지원하지 않습니다. 환급절차는 의

료비를 병원에 지급하고 그 영수증을 관할 시·군·구에 제출하면, 시·군·구가 확인하고 보상금을 수급자 계좌에 넣어줍니다. **본인부담 상한제**는 의료급여 수급자의 본인부담금이 기준금액을 초과한 경우 초과금액의 50%를 돌려주는 제도입니다. 1종 수급자의 입원진료비 외래진료비 약제비를 포함하여 30일간 5만원을 초과한 경우 초과 금액의 50%, 2종 수급자는 연간 80만원을 초과한 경우 초과 금액의 50%를 지급합니다. 본인부담 보상제를 먼저 적용하고도 의료비 부담액이 위와 같을 때에 지급합니다.

의료급여 수급자가 아닌 국민은 긴급복지에서 **의료지원**을 받는 것이 중요합니다. 위기에 처한 사람은 연간 300만원 범위에서 의료지원을 받을 수 있기 때문입니다. 원칙적으로 의료급여 수급자는 긴급복지의 의료지원을 받을 수 없지만, 의료급여만 받아서 진료비를 해결하기 어려운 경우에는 제한적으로 의료지원을 신청할 수 있습니다. 도움이 필요한 사람은 129번으로 전화하여 신청하거나, 병원의 의료사회복지사와 상담하기 바랍니다. 의료사회복지사는 의료급여, 의료지원, 요양급여 뿐만 아니라 다양한 민간 자원을 연계해줄 수 있습니다. 한편 건강보험 적용대상자는 요양급여와 '본인부담상한제' 등을 활용할 수 있습니다. **본인부담상한제**는 연간 본인일부부담금(비급여, 선별급여 등을 제외하고 환자 본인이 부담하는 의료비)의 총액이 개인별 상한금액(2023년에 소득계층에 따라 1분위 87만원~10분위 1,014만원)을 초과하는 경우 초과금액을 건강보험공단이 부담하는 제도입니다.

본인부담상한제(2023년)

(단위: 만원)

병원입원일수	연평균 보험료 분위						
	1분위	2-3분위	4-5분위	6-7분위	8분위	9분위	10분위
요양병원 120일 초과 입원	134	168	227	375	538	646	1014
그밖의 경우	87	108	162	303	414	497	780

국민건강보험공단 https://www.nhis.or.kr
건강세상네트워크 http://www.konkang21.or.kr

07

주거급여를 받고 공공임대주택에서 살 수 있습니다

가구 소득인정액이 기준 중위소득의 48% 이하인 사람이 복지로나 행정복지센터에 신청하면 주거급여 수급자로 선정될 수 있습니다. 주거급여 수급자는 부양의무자 기준이 2018년 10월부터 폐지되어 해당 가구의 소득과 재산만으로 선정될 수 있습니다.

주거급여 수급자는 주거급여와 교육급여를 받고, 생계급여·의료급여 수급자도 주거급여를 받을 수 있습니다. **주거급여의 기준임대료**(최대액)는 사는 지역과 가구원수에 따라 달라집니다. 서울에 살면 가장 많이 받고, 그 다음은 경기·인천,

광역시·세종시·수도권 외 특례시(예: 창원시), 그 외 지역의 순입니다. 가구원수가 1인보다 2인, 3인, 4인, 5인, 6~7인으로 늘어나면 더 많이 받습니다. 가구 소득인정액이 생계급여 수급자의 수준이면 **기준임대료**를 전액까지 받을 수 있고, 소득인정액이 그보다 높으면 기준 임대료에서 일부 감액됩니다. 수급자의 실제 임대료가 기준 임대료보다 많으면 기준 임대료를 받고, 실제 임대료가 기준임대료보다 적으면 실제 임대료까지 받을 수 있습니다.

임차가구 기준임대료(2024년)

(단위: 만원)

	서울	경기·인천	광역시·세종시·수도권 외 특례시	그 외 지역
1인가구	34.1	26.8	21.6	17.8
2인가구	38.2	30.0	24.0	20.1
3인가구	45.5	35.8	28.7	23.9
4인가구	52.7	41.4	33.3	27.8
5인가구	54.5	42.8	34.4	28.7
6~7인가구	64.6	50.7	40.6	34.0

2021년부터 주거급여 수급자 가구에 자녀가 학업 등의 이유로 주거를 별도로 할 경우에 신청하면 세대주의 주거급여

와 별도로 청년 자녀의 주거급여를 받을 수 있습니다. 즉 부모가 주거급여를 받더라도, 부모와 따로 사는 미혼 자녀가 주거급여를 신청하면 해당 지역의 주거급여를 추가로 받을 수 있습니다. 주거급여는 자격이 되어도 신청하지 않으면 받을 수 없고, 정부는 신청한 사람중 요건을 갖춘 사람에게 줍니다. 지옥고(지하방, 옥탑방, 고시원)에서 살거나 원룸에서 사는데 소득인정액이 낮은 사람은 주거급여를 신청하기 바랍니다. 자기 집이 있더라도 재산 가치(재산의 소득환산액)가 그리 높지 않다면 주거급여를 신청하기 바랍니다.

가구 소득인정액은 실제 근로소득·사업소득과는 다른 개념입니다. 2024년 1인 가구 기준 중위소득의 48%는 1,069,654원이지만, 근로소득·사업소득은 30%를 공제하므로 근로소득이나 사업소득이 1,528,077원 이하인 사람도 주거급여를 받을 수 있습니다. 자녀가 있는 한부모가구는 1인가구에 비교하여 기준 중위소득이 높기에 수급자로 선정될 가능성이 높습니다. 주된 소득자가 비정규직이나 일용직 가구는 큰 재산이 없다면 신청하면 주거급여 수급자가 될 가능성이 높습니다. 법령과 지침에 의해 소득인정액에서 합법적으로 공제받을 수 있는 '가구특성별 지출요인'(예, 대학생은 근로소득 중 40만원을 공제받음) 등을 증빙하고, 근로소득·사업소득에서

30%를 추가로 공제받으면 근로소득·사업소득이 상당한 사람도 신청하면 수급자가 될 가능성이 있습니다.

주거급여를 '복지로' 사이트나 휴대폰으로 '복지로 앱'에서 신청할 것을 권장합니다. 사이트나 앱에서 본인인증을 하고 주소, 가족관계, 소득, 재산 등을 기록한 후에 '신청하기'를 누르면 됩니다. 행정복지센터에 신청하는 것보다 훨씬 간편합니다. 근로소득이나 사업소득이 있다면 급여명세서 등을 준비하고, 셋집에서 산다면 임대차계약서(확정일자를 받아두기 바람) 등을 준비하기 바랍니다. 주거급여 수급자가 되면 매달 주거급여를 받고, 공공임대주택에 우선 입주할 수 있으며, 내 집이 있는 사람은 주택 수선비 등을 받을 수 있습니다. 주거급여는 독거노인뿐만 아니라 부모로부터 독립한 청년 세대나 신혼부부 그리고 한부모가족도 신청하면 받을 가능성이 있습니다. 예를 들면, 결혼한 자녀와 함께 사는 부모는 '한 가구'이지만 따로 살면 다른 '가구'입니다. 미혼 자녀가 학업을 위해 따로 살면 부모와 한 가구로 보지만, 취업을 위해 따로 살면 다른 가구입니다. 주민등록표와 별도이고 생계와 주거를 따로 하면 다른 '가구'입니다.

가정폭력(아내학대), 노인학대, 성폭력 피해자 등이 별도 거처를 마련할 때 이 제도를 활용할 수 있습니다. 예컨대 자녀와 사는 노인이 평소 신체적·정서적 학대를 당했다면 학대가 일어난 시점에 1366으로 전화하여 도움을 요청할 수 있습니다. 피해자 보호쉼터에서 살다 원가족 복귀보다는 따로 살길 희망하면 자립지원시설이나 한국토지주택공사(혹은 도시공사 등)가 제공하는 공공임대주택에서 살 수 있습니다. 가족과 따로 살면 주거급여를 신청하여 임대료를 지원받고, **공공임대주택**에 우선 입주할 수 있습니다. 가정폭력·노인학대·성폭력 피해자는 공공임대주택에 우선 입주 대상자이고, 입주 시에 임대 보증금을 면제받을 수도 있습니다.

주거급여 수급자는 영구임대주택, 매입임대주택, 행복주택, 국민주택에 우선 입주하거나, 입주자 선정 시 가산점을 받을 수 있습니다. 5년 혹은 10년간 임대로 살다 임차인이 우선 분양받을 수 있는 (분양조건형)공공임대주택에 입주할 수도 있습니다. 일정 기간 임대로 살던 집을 우선 분양받아 내 집 마련도 가능합니다. 독거노인과 같이 지원이 필요한 사람은 영구임대주택이 좋겠지만, 자녀를 키우는 사람이라면 주택가에 있는 매입임대주택, 전세임대주택, 새로 건설한 행복주택에 입주하기 바랍니다. 경제활동을 꾸준히 하면서 저축할 수 있는 사람은 분양조건형 공공임대주택이 좋습니다. **한국토지주택공사**가 운영하는 **lh청약센터**에서 더 많은 정보를 얻을 수 있습니다. 예컨대 영구임대주택은 생계급여 수급자, 의료급여 수급자, 주거급여 수급자가 우선 입주할 수 있습니다. 많은 공공임대주택의 입주자 선정 기준은 **기준 중위소득**이 아니라, **전년도 도시근로자 가구당 월평균소득**입니다.

전년도 도시근로자 가구당 월평균소득(제3기 신도시 사전청약)

<table>
<tr><th colspan="3">공급 유형</th><th>구분
(월평균
소득의)</th><th>3인 이하</th><th>4인</th><th>5인</th></tr>
<tr><td colspan="3">일반공급(전용60㎡이하)</td><td>100%</td><td>6,208,934</td><td>7,200,809</td><td>7,326,072</td></tr>
<tr><td colspan="3">다자녀</td><td>120%</td><td>7,450,721</td><td>8,640,971</td><td>8,791,286</td></tr>
<tr><td colspan="3">노부모부양</td><td>120%</td><td>7,450,721</td><td>8,640,971</td><td>8,791,286</td></tr>
<tr><td rowspan="2">생애
최초</td><td colspan="2">우선공급(70%)</td><td>120%</td><td>7,450,721</td><td>8,640,971</td><td>8,791,286</td></tr>
<tr><td colspan="2">잔여공급(30%)</td><td>130%</td><td>8,071,614</td><td>9,361,052</td><td>9,523,894</td></tr>
<tr><td rowspan="4">신혼
부부</td><td rowspan="2">우선
공급
(70%)</td><td>배우자소득 무</td><td>100%</td><td>6,208,934</td><td>7,200,809</td><td>7,326,072</td></tr>
<tr><td>배우자소득 유</td><td>120%</td><td>7,450,721</td><td>8,640,971</td><td>8,791,286</td></tr>
<tr><td rowspan="2">잔여
공급
(30%)</td><td>배우자소득 무</td><td>130%</td><td>8,071,614</td><td>9,361,052</td><td>9,523,894</td></tr>
<tr><td>배우자소득 유</td><td>140%</td><td>8,692,508</td><td>10,081,133</td><td>10,256,501</td></tr>
</table>

※ 6인, 7인, 8인 초과 가구 소득기준도 있음

※ 태아를 포함한 가구원수이고, 2인가구는 3인이하로 분류됨

공공주택의 공급유형에 따라 월평균소득의 비율은 다양하게 적용됩니다. 수도권 제3기 신도시의 경우에 소형주택을 일반공급할 때 월평균소득의 100%를 적용했지만, 다자녀 가구와 노부모부양 가구에게 120%를 적용했습니다. 생애 최초로 집을 분양받는 가구는 우선공급은 120%, 잔여공급은 130%를 적용했고, 신혼부부는 우선공급으로 배우자 소득이 없으면 100%이고 맞벌이면 120%, 잔여공급으로 배우자 소득이 없으면 130%이고 맞벌이면 140%를 적용했습니다. 무주택자는 상당한 소득을 가진 사람도 공공(임대)주택에 신청하여 당첨될 수 있습니다. 월평균소득은 분기별로 통계청에서 검색할 수 있고, 해당 주택의 입주자 모집 공고문을 확인하기 바랍니다.

주된 소득자의 생애주기별로 주거복지를 잘 활용하면 임대료 지원받기부터 내 집 마련까지 할 수 있습니다. 지하방, 옥탑방, 고시원과 원룸에 사는 저소득층은 주거급여를 신청하고, 'lh청약센터' 회원가입을 하기 바랍니다. 무주택자는 가까운 **주거복지센터**를 검색하여 주거복지 관련 정보를 찾고, 센터 주거복지사와 상담하면 내 집을 마련할 수도 있습니다. 관련 정보를 찾으면 저소득층을 비롯하여 무주택자, 유주택자 등이 다양한 주거복지제도를 활용할 수 있습니다.

한편, 우리나라 임대주택 유형은 크게 건설임대, 매입임대, 전세임대가 있습니다. 건설임대주택에는 국민임대주택, 영구임대주택, 행복주택, 50년 임대주택, 5년 분양전환 임대주택, 10년 분양전환 임대주택 등이 있습니다. 매입임대주택에는 일반 매입임대주택, 고령자 매입임대주택, 다자녀 매입임대주택, 청년 매입임대주택, 기숙사형 청년주택, 신혼부부 매입임대주택Ⅰ, 신혼부부 매입임대주택Ⅱ, 공공전세주택 등이 있습니다. 전세임대주택에는 일반 전세임대주택, 다자녀 전세임대주택, 청년 전세임대주택, 신혼부부 전세임대주택Ⅰ, 신혼부부 전세임대주택Ⅱ 등이 있습니다.

임대주택 유형

	유형	개요	임대조건	임대 기간(년)
건설 임대	국민임대주택	무주택 저소득층의 주거안정을 위하여 공급	60~80%	30
	영구임대주택	생계·의료급여수급자 및 국가유공자 등 사회보호계층 주거지원을 위하여 공급	30%	50
	행복주택	젊은 계층을 위해 대중교통이 편리하고 직주근접이 가능한 부지에 주변시세보다 저렴하게 공급	60~80%	6~20
	50년 임대주택	50년간 분양전환 하지 않고 임대로만 거주	90%	50
	5년 분양전환 임대주택	5년의 임대기간 종료 후 입주자에게 우선 분양전환	90%	5
	10년 분양전환 임대주택	10년의 임대기간 종료 후입주자에게 우선 분양전환	90%	10

	유형	개요	임대조건	임대 기간(년)
매입 임대	일반 매입임대주택	도심 내 최저소득 계층에게 현 생활권 내 주거지원을 위하여 공급	30%	20
	고령자 매입임대주택	도심 내 고령자 계층(65세 이상)의 주거지원을 위하여 공급	40%	20
	다자녀 매입임대주택	도심 내 다자녀 가구(2명 이상)의 주거지원을 위하여 공급	30~40%	20
	청년 매입임대주택	주거지원이 필요한 저소득 청년을 위하여 공급	40~50%	10(요건 충족
	기숙사형 청년주택	대학생 주거안정을 위하여 기숙사 수준으로 저렴하게 제공	40%	6
	신혼부부 매입임대 주택 I	주거지원이 필요한 저소득 신혼부부 등을 위하여 공급	30~40%	20
	신혼부부 매입임대 주택 II	도심 내 신혼부부 등이 원하는 생활권에서 안정적으로 거주할 수 있도록 공급	70~80%	10(요건 충족 시 14)
	공공전세주택	3-4인 가구의 주거안정을 위하여 전세형으로 공급	80~90%	6
전세 임대	일반 전세임대주택	도심 내 최저소득 계층에게 현 생활권 내 주거지원을 위하여 공급	보증금: 전세금의 2~5% 임대료: 연 1~2%	30
	다자녀 전세임대주택	도심 내 다자녀 가구(2명 이상)의 주거지원을 위하여 공급	보증금: 전세금의 2% 임대료: 연 1~2%	20
	청년 전세임대주택	주거지원이 필요한 저소득 청년을 위하여 공급	보증금: 100~200만원 임대료: 1~2%	10(요건 충족 시 20)
	신혼부부 전세임대 주택 I	주거지원이 필요한 저소득 신혼부부 등을 위하여 공급	보증금: 전세금의 5% 임대료: 연 1~2%	20
	신혼부부 전세임대 주택 II	도심 내 신혼부부 등이 원하는 생활권에서 안정적으로 거주할 수 있도록 공급	보증금: 전세금의 20% 임대료: 연 1~2%	10(요건 충족 시 14)

각 임대주택 유형별로 입주대상, 입주자 선정기준, 임대조건, 임대기간 등이 다르기에 자신 가구의 특성(생애주기 등)과 부담 능력(소득, 재산 등)에 맞는 주택 유형을 선택하고 거주하기에 적절한 주택을 적기에 잘 찾아서 신청하는 것이 중요합니다.

임대주택 유형별로 자세한 정보는 한국토지주택공사 홈페이지에서 찾을 수 있습니다. 예컨대, 행복주택은 젊은층의 주거불안 해소를 위해 국가 재정과 주택도시기금을 지원받아 대중교통이 편리하고 직주근접이 가능한 부지에 주변시세보다 저렴하게 공급하는 공공임대주택입니다.

입주대상은 무주택요건 및 소득·자산기준을 충족하는 대학생, 청년, 신혼부부, 예비신혼부부, 한부모가족, 주거급여수급자, 고령자, 산단근로자 등입니다. 입주대상이 되는 해당 세대는 전년도 도시근로자 가구원수별 월평균소득 100% 이하인 자입니다. 대학생은 본인+부모 소득 기준이고, 청년은 청년(본인) 소득을 보며, 맞벌이부부는 월평균소득의 120%를 적용합니다. 또한, 소득기준에서 1인가구는 20%포인트, 2인가구는 10%포인트를 가산한 소득기준을 적용합니다.

자산기준은 보유 부동산(건물+토지), 자동차의 가액이 기준금액 이하인 자이고, 총자산은 36,100만원 이하(2023년도 기준)이며, 자동차는 3,683만원 이하(2023년도 기준)를 모두 충족해야 합니다. 즉, 총자산이 36,100만원 이하이더라도 자동차 가액이 3,683만원을 초과하면 자산기준을 충족할 수 없습니다. 입주대상별 세부 자격조건, 소득, 자산기준 등은 상이하므로 입주자 모집 공고문을 참고하기 바랍니다.

행복주택의 입주조건은 대체로 시중 시세의 60~80%이고, 거주기간은 대학생·청년·산업단지 근로자는 6년, 신혼부부, 한부모가족, 창업지원주택은 6~10년, 고령자·주거급여수급자는 20년입니다. 공급시기는 분기별(3월, 6월, 9월, 12월)로 합니다. 자세한 사항은 해당 주택에 대한 공고문을 읽기 바랍니다. 처음 입주자를 찾을 때에는 엄격한 기준을 적용하더라도 잔여 물량의 경우에 기준을 완화하여 입주자를 선정하는 사례가 적지 않습니다.

서울주택도시공사 https://www.i-sh.co.kr
한국토지주택공사 https://www.lh.or.kr
중앙주거복지센터(서울주거상담) https://www.seoulhousing.kr

08

교육급여와 국가장학금을 받을 수 있습니다

가구 소득인정액이 기준 중위소득의 50% 이하이고 복지로나 행정복지센터에 신청하면 **교육급여**를 받을 수 있습니다. 근로소득·사업소득만 있고 재산이 많지 않다면, 근로소득·사업소득은 30%를 공제받은 후에 소득평가액으로 계산되어 실제 소득보다 소득인정액이 낮게 계산됩니다. 교육급여 수급자는 해당 가구의 소득과 재산만으로 선정되고, 부양의무자 기준이 없습니다.

지난해 교육급여 수급자로 선정된 사람은 올해 신청하지 않아도 받을 수 있습니다. 교육급여 수급자가 아닌 초·중·고등학생도 지난해 가구 소득이 낮아졌거나 재산이 크게 준 경우에는 교육급여를 신청하면 받을 수 있습니다. 학부모가 본인 휴대폰이나 컴퓨터로 '복지로' 사이트나 **교육비원클릭** 누리집에서 교육급여를 신청할 수 있습니다. 온라인으로 신청할 때에는 탑재된 신청서를 쓰고 소득·재산신고서, 금융정보 등 제공동의서, 교육정보화 지원동의서에 동의하고 제출하면 됩니다. 학부모나 보호자는 행정복지센터를 방문하여 신청할 수도 있습니다. 신청서와 함께, 추가로 해당자는 가족관계증명서, 주택 및 상가 임대차계약서 등을 내야 합니다.

교육급여는 매년 3월 집중 신청기간에 신청하는 것이 이익입니다. 연중 신청할 수 있지만, '입학금과 수업료'는 신청한 달부터 지원되기 때문입니다. 작년에 교육급여를 받은 학생은 정부가 기존 정보를 활용하여 가구의 소득·재산을 조사해 계속 지원 여부를 심사합니다. 교육급여를 받고 있는 형제·자매가 있더라도 초등학교에 새로 입학하는 학생은 신청해야 받을 수 있습니다. 교육급여 수급자는 학생 개개인이 자율적으로 활용할 수 있도록 **교육활동지원비**를 받을 수 있습니다. 2024년 지원금액은 초등학생은 연간 461천원, 중학생은 654천원, 고등학생은 727천원입니다. 이와 별도로 무상교육 제외 학교에 재학 중인 고등학생(자립형 사립고 등)은 입학금·

수업료·교과서비 전액을 받을 수 있습니다. 교육급여 수급자는 추가로 교육비 지원도 받을 수 있으니 저소득층은 교육급여와 교육비 지원을 신청하기 바랍니다.

교육급여를 신청하면 수급자로 선정될 수 있고, 혹 가구 소득인정액이 기준 중위소득의 50%를 넘더라도 기준 중위소득의 60% 내외에 해당되면 시·도 교육청별로 교육비 지원 대상자로 선정될 수 있습니다. 교육비 대상자는 입학금·수업료, 학교운영지원비, 교과서비, 급식비, 방과후학교 자유수강권, 컴퓨터, 인터넷 통신비 등을 지원받을 수 있습니다.

교육비 지원은 시·도 교육청이 초·중등교육법에 의거 재량으로 하고, 예산 상황에 따라 유동적인 사업입니다. 대체로 중위소득 50~80% 이하 초·중·고등학생(기초생활보장 수급자, 법정차상위계층 등 포함)이 지원 받습니다. 세부 지원내용은 시·도 교육청마다 다른데, 서울의 경우 고교학비, 학교급식비, 방과후학교 자유수강권은 중위소득의 60% 이하 학생에게 제공됩니다. 교육정보화로 컴퓨터는 없고, 인터넷 통신비는 교육급여 수급자, 한부모 가족, 차상위계층, 난민(법무부가 인정한)에게 제공됩니다. 소득과 재산이 낮은 사람은 일단 교육급여를 신청하는 것이 이익입니다. 궁금한 사항은 **교육비 중앙상담센터**(1544-9654)나 **보건복지상담센터**(129)로 전화하기 바랍니다.

교육급여 수급자는 해당 학생이 받지만, 세대의 원칙이 적용되어 부모도 학교에 가면 교육급여를 받을 수 있습니다. 교육급여 수급자는 **대학교 특례입학** 대상자로 일반 학생보다 쉽게 합격할 수 있습니다. 대학교에 입학하면 4년간 학기당 등록금 전액까지 **국가장학금**을 받을 수 있기에 사실상 무상교육입니다. 국가장학금은 국가가 '국내 대학에 재학 중인 학자금 지원 8구간 이하 대학생 중 성적기준 충족자'에게 학기당 등록금 전액까지 주는 I유형이 대표적입니다. 추가로 등록금 완화에 적극 참여하는 대학교의 재학생이 받는 Ⅱ유형, 다자녀 장학금, 지역인재 장학금이 있습니다.

국가장학금은 가구 소득인정액이 4인 가구 기준 중위소득의 2배인 연간 1억3천751만7,912원 이하(2024년 기준) 대학생이 신청하여 전 학기 평점이 3.0 이상일 때 받을 수 있습니다. 입학생과 편입생은 성적에 상관없이 받고, 재학생은 성적기준을 맞추어야 받습니다. 받을 자격이 되어도 신청하지 않으면 국가장학금을 받을 수 없습니다. 국가장학금은 **한국장학재단** 홈페이지에서 관련 정보를 검색하고 제때에 신청하면 받을 수 있습니다. 직전 학기 성적이 3.0 이상일 때 받을 수 있는데, 1차 신청기간은 성적이 나오기 전입니다. 1차 신청기간을 놓친 사람은 2차 신청을 꼭 하기 바랍니다. 국가장학금을 잘 활용하면 현재 대학생은 물론이고, 모든 국민이 고등교육을 쉽게 받을 수 있습니다.

국가장학금의 액수는 소득 구간에 따라 다른데, 기초생활수급자차상위계층은 학기당 등록금 전액, 1~3구간 대학생은 285만원, 4~6구간 대학생은 210만원, 7~8구간 대학생은

대학생 국가장학금(2024년)

<table>
<tr><th colspan="2">지원 구간</th><th colspan="2">지원 구간</th><th colspan="3">지원 구간</th></tr>
<tr><td></td><td>기준중위
소득의</td><td>학기별
최대액</td><td>연간
최대액</td><td>첫째+둘째
학기별</td><td>첫째+둘째
연간</td><td>셋째 이상</td></tr>
<tr><td>기초/차상위</td><td></td><td>350</td><td>700</td><td>첫째 350,
둘째 전액</td><td>첫째 700,
둘째 전액</td><td rowspan="9">전액</td></tr>
<tr><td>1구간</td><td>30%이하</td><td>285</td><td>570</td><td>285</td><td>570</td></tr>
<tr><td>2구간</td><td>50%이하</td><td>285</td><td>570</td><td>285</td><td>570</td></tr>
<tr><td>3구간</td><td>70%이하</td><td>285</td><td>570</td><td>285</td><td>570</td></tr>
<tr><td>4구간</td><td>90%이하</td><td>210</td><td>420</td><td>260</td><td>520</td></tr>
<tr><td>5구간</td><td>100%이하</td><td>210</td><td>420</td><td>260</td><td>520</td></tr>
<tr><td>6구간</td><td>130%이하</td><td>210</td><td>420</td><td>260</td><td>520</td></tr>
<tr><td>7구간</td><td>150%이하</td><td>175</td><td>350</td><td>260</td><td>520</td></tr>
<tr><td>8구간</td><td>200%이하</td><td>175</td><td>350</td><td>260</td><td>520</td></tr>
<tr><td>9구간</td><td>300%이하</td><td>-</td><td>-</td><td>-</td><td>-</td><td>-</td></tr>
<tr><td>10구간</td><td>300%초과</td><td>-</td><td>-</td><td>-</td><td>-</td><td>-</td></tr>
</table>

175만원까지 받을 수 있습니다. 또한, 다자녀가구 중 기초생활보장수급자·차상위계층은 등록금 전액, 1~3구간은 출생순위와 상관없이 285만원, 4~8구간은 260만원까지 받을 수 있습니다. 소득 구간은 대학생이 미혼이면 당사자와 부모의 소득과 재산을 보고, 기혼이면 당사자와 배우자의 소득과 재산을 봅니다. 소득 구간은 매년 기준 중위소득이 달라지기에 조금씩 증액되므로 대학생이라면 일단 신청하기 바랍니다.

많은 국민이 국가장학금을 잘 활용하면 대학교 교육을 경제적 부담 없이 받을 수 있습니다. 기초생활보장 수급자는 대학교를 사실상 무상으로 다닐 수 있습니다. 수급자는 대학교 입학 시에 정원 외 특례입학 대상이기에 일반 학생에 비교하여 성적이 다소 낮아도 쉽게 합격할 수 있습니다. 또한, 수급자 대학생은 C학점(평점 70점) 이상이면 장학금을 받을 수 있습니다.

지식정보화 사회에서 아동·청소년뿐만 아니라 성인도 공부할 필요성이 커졌습니다. 주부, 직장인, 은퇴예정자, 은퇴자 중에서도 학교교육을 받고 싶은 사람은 교육급여와 교육비 지원제도를 활용할 수 있습니다. 학생은 근로의무가 없기에 일하는 수급자는 국가장학금으로 대학교육을 받고 전문직으로 진출할 수도 있습니다. 대학생 국가장학금은 4년제 대학교, 2년제 대학교, 원격(사이버)대학교에 적용됩니다.

기초생활보장 수급자가 고등학교를 졸업한 후에 취업하면 소득인정액이 높아져 생계급여 등을 받을 수 없지만, 대학교에 진학하면 학생은 근로의무가 없기에 생계급여를 받을 수도 있습니다. 수급자인 대학생이 일하여 월 50만원을 번다면, 40만원을 공제받고 추가로 30%를 공제받기에 소득인정액은 7만원에 불과합니다. 학생이 아닌 수급자의 근로소득 50만원은 30%를 공제받아 소득인정액이 35만원인 것과 비교됩니다.

교육급여 수급자는 대학교 특례입학과 대학생 국가장학금을 활용하면 자립능력을 획기적으로 높일 수 있습니다. 기초생활보장 수급자는 주거복지제도를 적극 활용할 수 있기에 내 집 마련도 앞당길 수 있습니다. 기초생활보장 수급자는 정부와 공공기관이 건설하거나 매입한 매입임대주택, 국민주택, 분양조건형 공공임대주택 등에 우선 입주할 수 있습니다. 기초생활보장제도와 대학교 특례입학, 대학생 국가장학금, 공공임대주택 등은 연계되어서 함께 활용하면 시너지 효과를 키울 수 있습니다.

교육비원클릭신청시스템 http://oneclick.moe.go.kr

한국장학재단 https://kosaf.incruit.com

<사진 자료: 교육비 원클릭 신청 시스템 누리집 정지화면>

09

자활사업과 직업훈련에 참여할 수 있습니다

가구 소득인정액이 기준 중위소득의 50% 이하인 사람이 '복지로' 사이트나 행정복지센터에 신청하면 정부는 기초생활보장 수급자로 선정하여 생계급여, 의료급여, 주거급여, 교육급여 등을 제공합니다. 정부는 매년 예산을 책정하여 복지급여를 제공하지만, 헌법에 규정된 '인간다운 생활을 할 권리'를 누릴 수 있는 수준에 미치지 못합니다.

자본주의사회에서 어떤 사람의 생활은 근로소득 혹은 사업소득에 의해 좌우되는 경향이 있습니다. 재산소득이나 이전소득의 비중이 커지고 있지만, 대다수 국민은 근로소득 혹은 사업소득에 따라 삶의 질이 결정됩니다. 국민연금이나 건강보험 등 사회보험은 소득과 연계되어 보험료를 내고, 보험료를 낸 사람과 그 가족만이 급여를 받을 수 있습니다.

노동능력이 있는 사람은 기초생활보장 수급자로 선정될 때 일을 조건으로 수급자로 선정되기에 **조건부 수급자**라고 불립니다. 대체로 **자활사업**의 임금은 일반 노동시장의 임금보다 낮은 수준이기에 자활참여자는 자활사업만으로 자립하기 어렵습니다. 자활참여자는 다른 복지급여와 연계하여 자립 수준을 높이도록 노력해야 합니다.

자활참여자 가구에 초·중·고등학생이 있으면 교육급여와 교육비지원을 활용하고, 대학생은 국가장학금을 활용하여 '빈곤의 세대 간 악순환'을 단절시켜야 합니다. 자활참여자 중 젊은층이거나 중장년층은 중·고등·대학교를 다니는 것도 괜찮은 방법입니다. 보통 시민이 근로소득·사업소득으로 월 100만원을 벌면 30%를 제외한 70만원이 소득인정액으로 산정되지만, 대학생이 100만원을 벌면 40만원을 공제받고 나머지 금액의 30%를 추가로 공제받기에 소득인정액은 42만원입니다. 학생은 근로의무가 없기에 학업에 전념하거나 아르바이트를 할 수도 있습니다. 자활참여자는 자녀가 성장하여 소득을 벌면 수급자에서 제외되는데, 본인이 공부하고 노동능력을 키워 괜찮은 일자리를 얻는 것이 자활의 지름길입니다.

주거급여를 신청하여 월세를 지원받고, 공공임대주택을 활용하여 주거비를 낮추고, 마침내 (분양조건형)공공임대주택을 활용하면 삶의 질을 높일 수 있습니다. 한편, 집안에 환자가 있다면 의료급여, 건강보험, 노인장기요양보험 등을 잘 활용하면 의료비를 줄일 수 있습니다. 희귀난치병이나 만성질환이 있는 사람은 '특례' 의료급여 수급자로 선정될 가능성이 높습니다.

자활참여자는 **국민내일배움카드**를 활용하여 직업능력을 키우는데 역점을 두어야 합니다. 구직자와 중소기업 근무자는 직업능력개발을 위해 5년 동안 1인당 최소 300만원까지 훈련과 자격증 취득비를 지원받는 내일배움카드를 활용할 수 있습니다. 사업장 노동자뿐만 아니라 자영업자도 신청할 수 있고, 고등학교 졸업자, 대학교 3~4학년생도 신청하면 받을 수 있습니다. 희망하는 국민은 온·오프라인으로 배움카드를 신청할 수 있습니다. 온라인 신청은 **HRD-NET** 누리집에서 회원가입을 하고, 실명인증 후, 공동인증서로 등록하고, 발급신청을 클릭합니다. 발급하기 전에 확인하고 안내된 발급절차를 따라하면 됩니다. 혹은 고용센터를 방문하여 창구에서 신청하면 카드를 집에서 받을 수 있습니다. 신청자의 상황에 따라서 지원금 한도가 다릅니다.

정부는 내일배움카드에 훈련비로 최소 300만원(최고 500만원)을 넣어줍니다. 카드를 발급받으면 당사자가 선택한 직업훈련과정의 훈련비의 일부 혹은 전액을 카드에서 공제받을 수 있습니다. 국가기간전략산업직종과 일반직종 중 취업률이 높은 직종은 카드에서 공제받는 비율이 높습니다. 국민기초생활보장 수급자 등은 본인부담금을 내지 않거나 경감받을 수도 있습니다. 내일배움카드로 배울 수 있는 훈련은 다양합니다. HRD-NET 누리집에서 '국민내일배움카드 훈련과정'을 클릭하면 다양한 훈련과정을 조회할 수 있습니다. 훈련과정을 선택하기 전에 어떤 훈련이 있는지 검색합니다. 만약 요리를 배우고 싶다면 요리, 한식, 양식, 일식, 중식 등 생각나는 낱말을 입력하면 됩니다. 다음에는 본인이 가고 싶은 지역을 선택한 후 훈련유형을 '근로자'로 선택하여 검색합니다.

본인이 훈련기관에 직접 가서 배우려면 기관 홈페이지에 들어가서 몇 가지를 선택한 후 전화로 문의하여 마음에 드는 곳을 신청하기 바랍니다. 배움카드를 발급받는 사람은 온라인 교육과 스마트융합과정을 선호하는 편입니다. 스마트융합강좌는 일부를 온라인으로 학습하고 일부를 대면교육으로 받을 수 있습니다. 과거에는 주로 실업자나 중소기업 근로자만 배움카드를 이용할 수 있었는데, 현재는 거의 모든 국민이 신청하면 발급받을 수 있습니다. 귀하도 직업훈련포털을 클릭하고 회원가입을 한 후에 내일배움카드를 신청하기 바랍니다. 이 카드의 지원금은 5년이 지나면 소멸되기에 유의해야 합니다. 내일배움카드의 신청과 활용 방법을 가족, 친구, 직장동료 등에게 널리 알려주기 바랍니다.

직업훈련포털 https://www.hrd.go.kr
중앙자활센터 http://testnt3.gamgakdesign.com

<사진 자료: 직업훈련 누리집 정지화면>

10

인구집단별로 복지제도를 이렇게 활용하세요

헌법에 규정된 '인간다운 생활을 할 권리'는 오천만 국민이 누릴 수 있습니다. '사회보장·사회복지의 수급자'를 고아, 독거노인, 중증장애인, 기초생활보장 수급자 등으로 한정하려는 사람이 있는데, 모든 국민이 수급자입니다. 이제부터는 인구집단별로 공공부조, 사회수당, 사회서비스 등을 어떻게 활용하면 좋을지를 안내하겠습니다.

아이를 키우는 부모

아이를 키우는 부모는 부모급여, 아동수당, 가정양육수당이나 보육료바우처 등을 받을 수 있습니다. 아이를 키우는 부모는 소득과 재산에 상관없이 누구나 자녀가 태어난 연도와 아동의 연령, 가정양육 여부에 따라 부모급여, 아동수당, 가정양육수당, 보육료 바우처, 표준보육료 등을 지원받을 수 있습니다.

2024년부터 자녀가 태어나면 부모(혹은 보호자)가 '복지로' 사이트나 행정복지센터에 신청하면 **부모급여**를 받을 수 있습니다. 만 0세 아동을 가정에서 양육하면 월 100만원을 받고, 만 1세 아동을 가정에서 양육하면 월 50만원을 부모급여로 받습니다. 만약, 만 0세 아동을 보육시설에 보내면 보육료바우처(540,000원)와 현금 460,000원을 받고, 만 1세 아동을 보육시설에 보내면 **보육료바우처**를 받고 부모급여를 받지 못합니다. 자녀를 출산후 60일 이내에 신청하면 부모급여를 소급해서 받을 수 있지만, 60일이 지나면 신청한 달부터 받을 수 있습니다. 2022년에 주었던 영아수당은 부모급여로 대체되었습니다.

만 8세(생후 95개월) 미만 모든 아동은 월 10만원의 **아동수당**을 받을 수 있습니다. 또한, 2022년 이전에 태어난 아동을 가정에서 양육하면 생후 0~11개월은 20만원, 12~23개월은 15만원, 만 2세(24개월)부터 초등학교 입학 2월(최대 86개월)까지는 10만원의 **가정양육수당**을 받을 수 있습니다. 장애아동과 농어촌 아동은 연령에 따라 조금 더 받을 수 있습니다. 아동을 보육시설에 보내면 표준보육료를 받고, 가정양육수당을 받지 못합니다. 표준보육료는 카드로 받아서 아동을 보낸 어린이집이나 유치원에서 결제할 수 있습니다.

2022년 1월 1일부터 태어난 모든 아동은 **첫만남이용권** 200만원을 바우처(카드)로 받을 수 있습니다. 이용권을 받은 부모(혹은 보호자)는 1년 이내에 자녀 양육에 필요한 물품이나 서비스를 구매할 수 있습니다. 이 이용권은 1년이 지나면 소멸됩니다. 임신·출산시에는 임신·출산 진료비(국민행복카드)와 출산비용, 산모·신생아 건강관리 지원사업 등을 활용할 수 있습니다.

임신기간과 출산후 1년간 임산부(동반자 1명 추가 가능)는 **'맘편한 KTX'**를 이용할 수 있습니다. KTX 회원가입을 하고, '맘편한 KTX 혜택'을 등록하면 일반요금을 지급하고 특실을 선택할 수 있습니다. 한편, 임신기간과 출산후 1년간 임산부는 **SRT** 운행요금의 30%를 할인받을 수 있습니다. 해당 기관 누리집에서 자세한 이용방법을 확인하기 바랍니다.

한부모가족

한부모가족은 교육급여, 대학교 특례입학과 국가장학금, 주거복지제도 등을 활용할 수 있습니다. 한부모가족은 임신·출산부터 양육·생계, 시설·주거, 교육·취업, 금융·법률 등 다양한 영역에서 복지급여를 받을 수 있습니다. 홀로 자녀를 키우고 생계와 학업 등을 병행하느라 어려움을 겪는 한부모가족은 '복지로' 누리집에서 '한부모·조손'으로 검색하고, 여성가족부가 만든 '종합안내책자'를 활용하기 바랍니다.

저소득 한부모가족은 아이를 키우는 부모가 받는 각종 복지급여를 보편적으로 받고, 소득인정액에 따라 **기초생활보장 수급자**로 선정되면 생계급여, 의료급여, 주거급여, 교육급여 등을 받을 수 있습니다. 기초생활보장 수급자와 차상위계층은 문화누리카드(1인당 연간 13만원)를 받고 전기요금, 가스요금, 수도요금, 이동통신요금 등을 감면받으며, 차상위계층은 건강보험료를 경감받을 수 있습니다.

저소득 한부모가족은 **한부모가족 복지시설**(모자복지시설, 부자복지시설 등), 매입임대주택 주거지원, 버팀목전세자금 대출 우대금리 지원 등을 활용할 수 있습니다. 한국토지주택공사(LH)와 지방도시공사가 시행하는 **영구임대주택, 공공임

대, 국민임대, 매입임대, 행복주택, 사회주택 등에 우선 입주할 수 있습니다. 기초생활보장 수급자나 차상위계층 뿐만 아니라 중산층도 무주택자이면 공공 임대주택에 신청하여 입주할 수 있습니다. 기초생활보장 수급자와 차상위계층이 우선 입주할 수 있지만, 행복주택 등은 상당한 소득과 재산이 있는 사람도 입주할 수 있습니다.

교육·취업 분야에는 학업 중단 청소년한부모를 위한 미혼모 대안위탁교육, 통합적 취업지원프로그램을 제공하는 **취업성공패키지사업**, 여성새로일하기센터, 내일배움카드 등이 있습니다. 초·중·고등학생은 교육급여, 교육비지원을 받고, 기초생활보장 수급자는 대학교에 특례로 입학하여 국가장학금으로 사실상 무상교육을 받을 수 있습니다. 한부모가구는 자녀뿐만 아니라 부모도 대학교육을 받아 역량을 키울 수 있습니다. 국가장학금은 대학생의 연령에 상관없이 활용할 수 있습니다.

금융법률 분야에서는 자활에 필요한 창업자금을 저금리로 지원하는 미소금융, **양육비이행관리원**, 무료법률구조 등을 활용할 수 있습니다. 저소득층은 **근로장려금·자녀장려금**을 신청할 수 있습니다. 각종 복지급여는 본인이나 가족이 신청할 때만 받을 수 있기에 관련 정보를 알고 신청해야 합니다.

한부모가족은 자녀가 성장하여 노동능력이 있으면 기초생활보장 수급자에서 탈락되고, 각종 복지급여를 받을 수 없습니다. 자녀의 연령이 낮을 때 자녀는 교육급여 등을 받고, 부모도 대학교 특례입학과 국가장학금, 주거복지제도 등을 활용하면 삶의 질을 높일 수 있습니다. 한부모가족이 소득, 의료, 교육, 주거 관련 복지급여를 잘 연계시키면 자립·자활 수준을 높일 수 있습니다.

다문화가족

다문화가족은 다양한 가족복지를 보편적으로 누리고, 다문화가족에 특화된 서비스를 받을 수 있습니다. 다문화가족은 크게 **결혼이민자**와 **귀화자**로 구성됩니다. 이들은 입국 초기에는 한국어 습득에 대한 욕구가 강하지만, 시간이 갈수록 언어문제보다는 경제적 어려움을 호소하는 경우가 많습니다. 복지급여는 대한민국 국민에게만 제공되는 것이 많기에 다문화가족은 빠른 국적 취득에 관심을 가져야 합니다. 아이를 키우는 다문화가족은 외로움과 자녀 양육의 어려움을 호소하는 경우가 많습니다. 기초자치단체마다 있는 가족센터에 등록하여 친구를 사귀는 등 사회관계를 형성할 수 있는 계기를 늘려야 합니다.

다문화가족은 시·군·구 가족센터에서 다문화가족 교육·문화사업과 상담 관리, 결혼이주여성의 안정적인 정착을 위한 프로그램을 활용할 수 있습니다. 다문화가족도 핵가족, 맞벌이, 1인 가구 등 가족 유형이 다양화됨에 따라 맞춤형으로 서비스를 활용할 수 있습니다. 가족센터는 다문화가족을 포함하여 다양한 가구 유형의 욕구에 맞는 서비스를 새롭게 만들고 있습니다. 특히 1인 가구를 위한 중장년 집밥 만들기, 심리상담 코칭을 늘리고 있습니다. 한부모, 맞벌이 가정을 대상으로 한 **아이돌봄사업**도 꾸준히 확대하고 있습니다.

자립준비청년

자립준비청년은 대학교 특례입학과 국가장학금 등을 활용할 수 있습니다. 과거에는 아동양육시설에서 사는 아동은 18세가 되면 시설에서 만기 퇴소하고, 퇴소하면 국가의 지원이 끊어졌습니다. 이들은 빨리 자립하기 위해 실업계 고등학교에 진학하고 기술을 익혀 취업하는 것을 자립이라고 인식했습니다. 그런데 이들도 일반계 고등학교를 다닐 수 있고, '기초생활보장 수급자 **특례입학**'을 통해 대학교에 쉽게 합격할 수 있습니다. 수급자인 대학생은 평점을 C학점만 유지해도 8학기 동안 **국가장학금**을 학기당 등록금 전액까지 받을 수 있습니다.

원하면 근로장학생으로 우선 선발되고, 기숙사도 입주할 수 있습니다.

2022년 6월부터 아동복지시설에서 사는 아동은 본인이 원하면 24세까지 **보호기간 연장**을 할 수 있습니다. 18세에 취업하기보다 대학교에 진학하고 국가장학금으로 대학교를 마치며, 공공임대주택에 입주하고, **공직 할당제** 등을 통해 안정적인 직업을 갖는 것이 자립의 지름길입니다.

정부는 2019년부터는 **자립준비청년**(보호종료청년)에게 매달 30만원(2023년 40만원, 2024년 50만원)씩 **자립수당**을 주고, **주거지원통합서비스**도 실시하였습니다. 이러한 정책으로 청년의 자립율이 2014년 76.1%에서 2020년 81.1%로 향상되었지만, 이들의 대학진학률은 62.8%로 일반청년 70.4%보다 낮고, 자살생각비율은 50.0%로 일반청년 16.3%보다 3배 이상이었습니다. 이에 정부는 **자립지원전담**과 인력을 확충했습니다. 정부는 아동양육시설, 공동생활가정, 가정위탁보호에서 보호가 종료된 청년이 어디서든 자신의 여건과 특성에 맞는 맞춤형 지원을 받을 수 있도록 전국 단위의 자립지원 서비스 전달체계를 구축하고 전담 인력을 배치했습니다.

정부는 보호종료청년의 주거 안전망을 구축하기 위해 공공임대, 주거비 등 사례관리, 맞춤형 주거지원을 확대하였습니다. 이들이 주거불안을 겪지 않도록 토지주택공사는 2022년까지 2000호 공공임대주택(3년간 6000호)을 지원하고, 군복무 등 불가피한 사정으로 퇴거한 경우 해당 기간은 보호종료 5년 이내에 산입하지 않아 보호기간을 늘려줍니다. 역세권, 대학가 등에 신축 임대주택공급을 확대하고, 2~3명이 함께 생활할 수 있도록 주거 형태도 다양화하고 있습니다.

자립준비청년이 실질적으로 자립하기 위해 당사자가 신청하고, 국가와 지방자치단체, 토지주택공사 등 공공기관, 아동복지시설·기관·단체 등이 체계적으로 협력해야 합니다. 자립준비청년이 사회구성원으로 성장할 수 있도록 정부와 사회가 튼튼한 울타리가 되어야 합니다.

청년과 신혼부부

청년과 신혼부부는 **주거복지제도**를 활용하여 **공공임대주택**에서 거주하며 '내 집 마련'을 할 수 있습니다. 청년이 고등학교를 졸업하지 않았다면 교육급여·교육비지원을 활용하고, 전문대학이나 4년제 대학교에 입학하면 대학생 **국가장학금**을 활용할 수 있습니다. 청년은 부모와 생계와 주거를 같이 하면 부모의 가구원이고, 경제활동을 하면서 주거를 달리하면 다른 가구로 간주될 수도 있습니다.

신혼부부는 부모와 생계와 주거가 분리될 수 있기에 국민기초생활보장제도의 주거급여 수급자나 교육급여 수급자로 선정되기 쉽습니다. 특히 어린 자녀와 함께 사는 **홀벌이부부**는 3인가구로 적용됩니다. 소득이 낮은 홀벌이가구는 부양의무자 기준이 적용되지 않아서 주거급여 수급자나 교육급여 수급자로 선정될 수도 있습니다.

대학을 졸업한 청년이나 신혼부부는 **주거복지제도**를 적극 활용할 수 있습니다. 정부는 한국토지주택공사나 시·도주택도시공사 등이 공급하는 **행복주택** 등 공공임대주택을 청년, 신혼부부에게 **특별 공급**합니다. 신혼부부의 기준 소득은 우선공급의 경우에 배우자가 소득이 없으면 '전년도 도시근로자 가구당 월평균소득'의 100%이고, 맞벌이부부는 120%를 적용받습니다. 잔여공급의 경우에 배우자가 소득이 없으면 월평균소득의 130%이고, 맞벌이부부는 140%를 적용받습니다. 2인 가구는 가구당 월평균 소득의 10%를 가산 수치로 100%로 적용받고, 맞벌이는 120%를 적용받아 3인 맞벌이 가구는 연간 소득이 1억원가량 되어도 당첨될 수 있습니다. 행복주택은 입주조건이 좋은 지역에 단지로 조성되기에 신청자가 당첨될 가능성이 높습니다. 최초 입주시에는 당첨될 가능성이 더욱 높기에 한국토지주택공사 홈페이지를 자주 클릭하여 원하는 지역에서 행복주택을 신청하기 바랍니다.

또한 청년층과 신혼부부는 **청년전세임대**, **신혼부부전세임대** 등을 이용하면 좀 더 쉽게 집을 얻을 수 있습니다. 장애인과 고령자도 **공공실버주택**과 **고령자 전세임대**를 활용하면 싼 임차료로 괜찮은 집에서 살 수 있습니다. 정부와 금융기관은 청년이나 신혼부부가 내 집 마련을 위해 주택자금이나 전세자금을 신청하면 한도액을 높여주고 이자율을 우대해줍니다.

주거복지제도는 매년 달라지고, 같은 해에도 지역과 단지에 따라 세부 조건이 달라지기에 입주자 모집 '공고사항'을 잘 읽기 바랍니다. 주택자금이나 전세자금의 대출은 은행에서 집행하기에 은행마다 신청자의 신용도에 조금씩 다릅니다. 거치기간, 원리금 상환방식, 우대금리 등 다양한 조건을 본인에게 유리한 조건으로 설계하기 바랍니다. 은행 창구에서 상담하고 대출을 받기보다 인터넷으로 하면 이율을 할인해줍니다.

장애인

장애인이라면 행정복지센터에 **장애인등록**을 하고 장애인연금, 주거복지제도 등을 활용할 수 있습니다. 장애인은 **등록장애인**이 될 때만 각종 복지급여를 신청하고 받을 수 있습니다. 장애가 있지만 등록하지 않은 사람은 행정복지센터에 신청하기 바랍니다. 장애인은 '복지로'에서 '장애인'으로 검색되는 다양한 복지급여를 신청하기 바랍니다. 장애인은 연령과 소득 수준에 따라 장애인연금, 장애수당, 장애아동수당 등을 신청할 수 있습니다.

장애인연금은 중증장애인의 근로능력 상실 또는 현저한 감소로 인하여 줄어드는 소득과 장애로 인한 추가 비용을 보전하기 위해 매월 연금을 지급하는 **사회보장**제도입니다. 장애인연금법 제4조에 의해 보장되며, 물가상승률 등을 반영한 금액을 받을 수 있습니다. 장애인연금은 본인과 배우자의 경제적 수준을 평가하여 중증장애인을 가족과 국가가 함께 부양한다는 의미를 갖습니다. 장애인연금의 수급 여부, 급여액 결정과 수급중지 등에 관한 사항은 법률로 규정되어 권리적인 성격이 강합니다. 만 18세 이상의 중증 등록장애인(1급, 2급, 3급 중복장애인이고, 4급 장애가 두 가지 이상 있어서 3급으로 등급 상향이 이뤄진 자는 제외)으로 소득 하위 70%인 사람이 신청하면 매달 장애인연금을 받을 수 있습니다. 2024년에 소득인정액이 배우자가 없는 중증장애인의 경우 월 130만 원, 배우자가 있는 중증장애인의 경우 월 208만 원 이하일 때입니다. 선정기준액은 2020년부터 2023년까지 바뀌지 않았는데, 기초연금, 생활수준의 변화와 물가상승율 등을 고려하여 2024년에

6.8% 인상되었습니다.

장애인연금은 기초급여와 부가급여로 구성됩니다. **기초급여**는 근로능력의 상실 또는 현저한 감소로 인하여 줄어드는 소득을 보전해 주기 위하여 지급하는 급여로 소득보장 성격의 연금입니다. **부가급여**는 장애로 인하여 추가로 드는 비용의 전부 또는 일부를 보전해 주기 위하여 지급하는 급여로 추가 지출비용 보전성격의 연금입니다. 장애인연금의 액수는 기초생활보장 수급자와 차상위계층, 그 이상의 소득자로 나뉘고, 연령에 따라서 차이가 있습니다. 부부가 모두 장애인이거나 소득인정액이 높아지면 차감됩니다. 2024년 장애인연금은 생계·의료·주거·교육급여 수급자와 차상위계층은 월 334,810원까지이고, 차상위 초과~소득 하위 70%는 334,810원까지입니다.

65세 이상 노인은 동일한 성격의 급여인 기초연금으로 전환하고 기초급여는 지급하지 않는데, 만 65세가 되는 달부터 기초연금을 별도로 신청할 수 있습니다. 단독가구와 부부(2인)가구의 생활비 차이를 감안, 부부가 모두 기초급여를 받는 경우에는 각각의 기초급여액에 20%를 감액한 금액을 지급합니다. 생계·의료·주거·교육급여 수급자와 차상위계층 경우에는 약간의 소득인정액 차이로 기초급여를 받는 자와 못

받는 자의 소득역진 최소화를 위해 기초급여액의 일부를 단계별로 감액합니다(최하 1인 2만원, 2인 4만원). 초과분 감액 대상자는 (소득인정액+기초급여액)>=선정기준액, 부부 2인 수급자의 경우 초과분 감액 대상자는 (소득인정액+부부감액한 기초급여액)>=선정기준액입니다. 선정기준액과 가구 소득인정액의 차액에 따라 2만원 단위로 절상하여 지급합니다.

장애인연금 급여 현황(2024년)

자 격		급여 (기초급여+부가급여)					
장애인연금 대상자 (기초급여)	부가급여 대상자	연령	단독	급여(기초급여+부가급여)			부가급여
				부부의 경우		초과분 감액 여부	
				1인 수급	2인 수급시 (1인당)		
장애인연금	기초 (일반재가, 생계/의료)	18~64	334,810원		267,840원	X	9만원
		65이상	-		-	-	424,810원
장애인연금	기초(보장시설) (보장시설수급자 급여특례)	18~64	334,810원		267,840원	X	-
		65이상	-		-	-	9만원
장애인연금	차상위(주거/교육,차상위계층급여특례)	18~64	334,810원		267,840원	O	8만원
		65이상	-		-	-	8만원
장애인연금	차상위 초과	18~64	334,810원		267,840원	O	3만원
		65이상	-		-	-	5만원

장애인연금을 받길 희망하는 중증장애인은 복지로 홈페이지나 행정복지센터에 신청해야 합니다. 시·군·구는 신청자의 소득과 재산을 중심으로 자산조사를 하고, 국민연금공단은 장애인복지법에 따라 장애정도를 심사하며, 시·군·구가 자격여부를 확정지어 수급자로 결정하면 수급자 통장으로 매달 20일에 연금을 지급합니다.

장애수당은 장애인복지법 제49조에 근거하여 만 18세 이상의 등록장애인에게 매월 지급합니다. 장애수당은 만 18세 이상 중증장애인이 아닌 자를 대상으로 월 6만원(보장시설 수급자[생계·의료수급자]의 경우 월 3만원)을 지급합니다. 장애인연금과 장애수당은 한 사람이 동시에 받을 수 없는 구조입니다. 지급금액이 크게 다른 이유는 장애인연금은 장애의 정도가 심한 장애인이 근로능력이 현저히 감소한 것에 따라 소득을 보전하고 장애로 인한 추가비용을 보전해 주기 위한 취지인데, 장애수당은 장애로 인한 추가비용 보전만을 목적으로 하기 때문입니다. 생계·의료·주거·교육급여 수급자와 차상위계층(가구 소득인정액이 기준 중위소득의 50% 이하, 소득인정액 산정 시 부양의무자의 부양비를 포함하지 않음)이 복지로 홈페이지나 행정복지센터에 장애수당을 신청하면 받을 수 있습니다.

장애아동수당은 만 18세 미만(초·중·고등학생은 20세 이하)

의 등록장애인이어야 하며, 중증, 경증 모두 신청이 가능합니다. 수급자격은 생계·의료·주거·교육급여 수급자이거나 차상위계층(가구 소득인정액이 기준 중위소득의 50% 이하; 소득의 범위에서 사적 이전소득, 보장기관 확인소득, 부양의무자의 부양비를 포함하지 않음)에 속해야 합니다. 급여액은 월 최저 2만원에서 최대 22만원까지 받을 수 있습니다. 중증장애인의 경우 생계·의료급여 수급자는 22만원, 주거·교육급여 수급자는 17만원, 보장기관에서 사는 생계·의료급여 수급자는 9만원입니다. 경증장애인일 경우 생계·의료급여 수급자는 11만원, 주거·교육급여 수급자와 차상위계층은 11만원, 보장기관에서 사는 생계·의료급여 수급자는 3만원을 받습니다. 신청방법은 장애수당과 동일합니다.

한편 **등록장애인**은 다양한 **감면제도**가 있습니다. TV수신료 전액 면제, 통신요금 50%~30% 감면, 교통비, 문화활동비, 과태료 등의 감면이 있습니다. 등록장애인만 감면받을 수 있으므로 행정복지센터에 장애인등록을 하여 **장애인카드**를 발급받고 이를 증빙해야 합니다. 또한 저소득 장애인이라면 기초생활보장제도와 주거복지제도를 적극 활용하기 바랍니다. 장애인은 공공임대주택을 신청할 때 우대사항이 많습니다. 등록장애인은 입주 심사받을 때 가점이 있고, 가구원이

한 명 더 있는 것으로 간주하여 더 넓은 공간이 부여됩니다. 세부사항은 공고사항을 잘 읽고 자신에게 유리하게 활용하기 바랍니다.

가정폭력 피해자

가정(성)폭력 피해자 등은 피해자 보호제도, 기초생활보장제도와 주거복지제도 등을 활용할 수 있습니다. 복지급여 수급자 중 아동, 노인 등은 연령으로 결정되고, 장애인은 등록여부로 결정되며 상당한 기간 급여를 받을 수 있습니다. 가정폭력 피해자, 성폭력 피해자 등은 일시적으로 지원을 받기 쉬운데, 도움을 받을 때 기초생활보장제도와 주거복지제도 등을 활용하면 보다 안정적으로 살 수 있습니다.

가정폭력범죄의 처벌 등에 관한 특례법에 따르면, "**가정폭력**이란 가정구성원 사이의 신체적, 정신적 또는 재산상 피해를 수반하는 행위"를 말합니다. 여기에서 **가정구성원**이란 배우자(사실상 혼인관계에 있는 사람을 포함) 또는 배우자였던 사람, 자기 또는 배우자와 직계존비속 관계(사실상의 양친자관계를 포함)에 있거나 있었던 사람, 계부모와 자녀의 관계 또는 적모와 서자의 관계에 있거나 있었던 사람, 동거하는 친족 등입니다.

이론상 가족관계에 있거나 가족관계에 있었던 사람을 모

두 포괄하지만 가정폭력의 행위자는 남편이 대부분입니다. 가정폭력 방지운동을 하는 여성들은 '가정폭력'이란 낱말이 '아내폭행'을 희석시킨다고 항변합니다. '부부싸움은 칼로 물 베기'라는 속담이 있지만, 현실은 부부싸움이 아닌 가정폭력입니다. 현행법상 가정폭력은 범죄이기에 피해자는 법적 구제 신청을 할 수 있습니다. 다만 가정폭력은 가정을 보호하면서 해결해야 하는 특수성이 있습니다. 가족관계 이외의 사람에 의한 폭력은 바로 법적인 처벌을 요구할 수 있지만, 가정폭력은 상담과 보호, 교육과 행동수정 등 다양한 조치가 병행되어야 합니다. 이러한 개입이 있기 위해 피해자가 가정폭력상담소에 상담을 해야 합니다. 당사자가 상담을 하고 보호를 요청해야 사건을 파악할 수 있기 때문입니다.

가정폭력뿐만 아니라 성폭력, 성매매 등으로 긴급한 구조가 필요할 때에는 국번 없이 1366으로 전화하는 것이 좋습니다. 이 전화는 연중 24시간 운영되어 **위기서비스**를 합니다. 상담한 사람은 긴급구조, 보호와 상담, 의료지원, 관련기관 연계서비스 등을 받을 수 있습니다. 치료나 범죄 수사 등이 필요한 경우에는 119와 112로 연계되어 지원받을 수 있습니다. 위기상황에 처한 모든 폭력피해자는 전화만 하면 상담을 받고 필요한 경우 긴급피난처를 이용할 수도 있습니다.

가정폭력상담소는 **피해자보호시설**인 **쉼터**를 운영하는 경우도 많기에 도움이 필요한 사람은 상담소에 전화하기 바랍니다. 보호시설의 종류는 피해자 등을 6개월의 범위에서 보호하는 시설인 단기보호시설, 2년의 범위에서 자립을 위한 주거편의 등을 제공하는 시설인 장기보호시설이 있습니다. 단기보호시설의 입소자는 3개월의 범위 내에서 연장하여 생활할 수도 있습니다. 이와 별도로 외국인보호시설, 장애인보호시설도 있습니다.

가정폭력의 피해자는 보호시설에서 숙식의 제공, 심리적 안정과 사회적응을 위한 상담 및 치료, 질병치료와 건강관리(입소 후 1개월 이내의 건강검진을 포함)를 위한 의료기관에의 인도 등 의료지원, 수사기관의 조사와 법원의 증인신문에의 동행, 법률구조기관 등에 필요한 협조와 지원의 요청, 자립자활 교육의 실시와 취업정보의 제공, 다른 법률에 따라 보호시설에 위탁된 사항, 그밖에 피해자등의 보호를 위하여 필요한 일 등을 종합적으로 지원받을 수 있습니다. 또한, 가정폭력의 피해자와 동반 가족은 정부로부터 소정의 생계비, 아동교육지원비, 아동양육비, 직업훈련비, 그밖에 대통령령으로 정하는 비용 등을 지원받을 수 있습니다. **성폭력 피해자**는 **성폭력상담소**에서 상담을 받을 수 있고, **성폭력피해자보호시설**에서 보호를 받을 수 있습니다. 성매수 대상자 등 성매매에 노출된 사람도 맞춤형 서비스를 받을 수 있으므로 관련 기관에 도움을 요청하기 바랍니다.

가정폭력 피해자나 성폭력 피해자가 되면 쉼터에서 일시보호를 받고, 별거하거나 이혼할 때 단기 혹은 장기보호시설에서 살 수 있습니다. 가정(성)폭력 피해자는 세대가 분리되면 보호를 받기 쉽고, 소득과 재산이 낮으면 기초생활보장 수급자가 될 수 있습니다. 이때 정부의 주거복지제도를 적극 활용하여 공공임대주택에 입주하는 방안을 찾기 바랍니다. 쉼터나 단기·장기보호시설은 일정 기간이 지나면 퇴소해야 하는데, 가정(성)폭력피해자로서 지원을 받거나 기초생활보장 수급자일 때 주거복지제도를 쉽게 활용할 수 있기 때문입니다.

또한 가정(성)폭력 피해자 중에는 자녀를 동반하면 기초생활보장 수급자가 되기 쉬운데, 자녀교육에 힘쓰고 부모도 대학교 교육을 받아서 전문직에 진출할 수도 있습니다. 생계를 해결하기 위해 값싼 일자리라도 찾는 경향이 있는데, 자녀가 교육급여 수급자이면 부모도 대학교에 특례로 입학할 수 있고, 대학생 국가장학금을 받을 수 있습니다. 학생은 근로의무가 없기에 생계급여를 받으면서 공부하고, 취업이 잘 되는 자격증을 취득하여 전문직으로 진출할 수도 있습니다. 긴 안목에서 진로를 설정하고, 다양한 복지급여를 연계해서 활용하기 바랍니다.

누구든지 주요 복지급여 수급자 선정기준표를 **시민과 함께 꿈꾸는 복지공동체**에서 내려받을 수 있습니다. 귀하가 자주 가는 홈페이지, 카페, 블로그, 페이스북 등에 올려 공유하고, 출력하여 책상 앞에 두고 활용하기 바랍니다.

https://cafe.daum.net/ewelfare/24PQ/3853

중장년

중장년이라면 고등학교 무상교육, 대학생 국가장학금, 주거복지제도 등을 활용하기 바랍니다. 2021년부터 고등학교 전과정이 **무상교육**입니다. 자립형 사립고 등 일부 학교는 등록금이 있지만, 교육급여 수급자가 이 학교를 다니면 정부가 입학금, 수업료, 교과서대금 등을 지원합니다. **인생 이모작**을 준비하는 50~60대가 무상으로 고등학교를 다니는 것도 좋습니다. 대학교를 졸업했더라도 공부하고 싶은 분야에 (편)입학하려면 만학도 특례로 쉽게 합격할 수 있고, 국가장학금을 활용하여 경제적 부담 없이 대학교를 졸업할 수 있습니다.

혹 내 집 마련이 필요한 사람은 **주거복지제도**를 활용하여 임대주택에서 살거나, 공공임대주택에 입주할 수 있습니다. 그중 **국민임대주택**은 무주택 저소득층을 대상으로 전용 60㎡ 이하 주택을 시세의 60~80%로 30년간 임대하는 주택입니다. 매입전세임대는 민간사업자가 지은 아파트나 주택을 공공기관이 매입하여 저렴하게 임대해 주는 제도입니다. 한편 지금은 큰돈이 없지만 5년 혹은 10년 후에는 집을 살만한 돈을 저축할 수 있는 경우라면 공공임대주택을 신청하기 바랍니다. 임대주택이 분양으로 전환되면 살고 있는 사람에게 우선권이 주어집니다. 공공임대는 전용 85㎡ 이하의 주택을 시중 전세의 90% 수준으로 공급됩니다. 소득기준은 전년도 도시근로자 가구당 월평균 소득의 100% 이하입니다.

정부는 중산층을 위한 기업형 임대주택인 뉴스테이를 활성화하고 있습니다. 뉴스테이는 소득 등 입주자 자격기준이 없는 중산층을 대상으로 한 기업형 임대주택입니다. 초기 임대료에 제한이 없어 임대료는 인근 시세와 비슷하지만 연간 인상률은 5%로 제한되고, 8년간 거주할 수 있습니다. 나에게 맞는 주거복지제도를 활용하여 삶의 질을 높이기 바랍니다.

노인

노인이라면 기초연금을 신청하고, 기초생활보장제도, 노인복지제도 등을 활용할 수 있습니다. 노인은 복지로나 행정복지센터에 **기초연금**을 신청해야 받을 수 있습니다. 2024년에 단독가구는 소득인정액이 213만원 이하, 부부가구는 340.8만원 이하일 때 신청하면 수급자로 선정될 수 있습니다. 근로소득은 110만원을 공제받고 나머지 중 30%를 추가 공제받기에 단독가구는 414만2,857원, 맞벌이 부부가구는 706만8,571원 이하일 때 수급자로 선정될 수 있습니다. 기초연금 수급자인 단독가구는 월 334,810원 부부가구는 535,680원까지 받을 수 있습니다.

기초연금 수급자 선정 시 **소득인정액**은 기초생활보장 수급자 선정시와 완전히 달라서 같은 소득과 재산이면 훨씬 적게 산정됩니다. 기초연금의 소득인정액은 '본인과 배우자의 소득인정액'만 보고 함께 살더라도 자녀의 소득과 재산을 고려하지 않습니다. 근로소득은 일부 공제받고, 나머지 금액의 70%만 산정하여 소득평가액은 낮아집니다. 재산의 월 소득환산액은 일반재산에서 기본공제 재산액이 있고, 승용차도 고급 승용차가 아니면 일반재산에 포함시키며, 월 소득환산율의 1/12인 연 소득환산율을 적용하기에 재산이 상당히 많은 사람도 신청하면 기초연금을 받을 수 있습니다.

소득과 재산이 낮은 노인은 주거급여 수급자를 신청하기 바랍니다. 주거급여 수급자는 부양의무자 기준이 없기에 본인

가구의 소득과 재산만으로 선정될 수 있습니다. 주거급여 수급자가 임차인이면 매달 기준 임대료의 범위에서 임차료를 지원받고, 신청하면 영구임대주택 등 공공임대주택에도 입주할 수 있습니다.

최근 생계급여 수급자와 의료급여 수급자를 선정할 때에 부양의무자 기준이 크게 완화되었기에 부양의무자가 있더라도 연간 소득이 1억 원 초과이거나 재산이 9억 원 초과하지 않으면 수급자 신청을 하기 바랍니다. 수급자 선정기준은 매년 조금씩 인상되고, 근로소득·사업소득은 30% 공제후 소득

기초연금 수급자의 소득인정액 산정방식

본인과 배우자의 소득인정액이 선정기준액 이하여야 함

- 소득인정액= 월 소득평가액+재산의 월 소득환산액
- 월 소득평가액= {0.7 × (근로소득-110만원)} + 기타소득
- 재산의 월 소득환산액= [{(일반재산-기본공제재산액)+(금융재산-2,000만원)-부채} × 연 소득환산율(4%)/12월] +P
- P: 고급자동차(4,000만원 이상) 및 회원권(골프장, 콘도미니엄 등)의 가액
- 거주지별 기본공제 재산액: 대도시 135백만원, 중소도시 85백만원, 농어촌 72.5백만원
- 선정기준액(2024년): 단독가구 2,130,000원, 부부가구 3,408,000원

평가액을 산정하기에 수급자로 선정될 가능성이 높아졌습니다. 대부분의 노인은 신청하면 기초연금을 받고 기초생활보장 수급자는 소득인정액에 따라 생계급여, 의료급여, 주거급여, 교육급여 등을 받을 수 있습니다. 기초생활보장 수급자는 신청하면 영구임대주택에 입주하고, 행복주택, 매입임대주택, 사회주택 등 다른 공공임대주택에도 우선 입주할 수 있습니다. 주거복지제도는 다양하기에 기초생활보장 수급자나 차상위계층 뿐만 아니라 중산층도 **무주택자**라면 활용할 수 있습니다.

영구임대아파트는 소득이 낮은 사람에게만 기회가 주어지지만, 공공임대와 국민임대는 소득이 많은 사람도 입주할 수 있습니다. 영구임대주택은 무주택 세대원이면서 생계·의료급여를 받거나, 한부모가정, 국가유공자 등 사회보호계층에게 공급됩니다. 전용면적 40㎡ 주택을 시중 시세 30% 수준으로 50년간 임대할 수 있습니다. 상당 기간 집을 살 돈이 없는 사람이라면 영구임대주택을 신청하는 것이 좋습니다. 노인은 소득수준, 연령, 거주년수 등에서 가점을 받을 수 있습니다.

각종 주거복지제도를 활용할 때에는 기초생활보장 수급자가 매우 유리합니다. 소득과 재산이 낮은 사람은 복지로나 행정복지센터에 주거급여를 신청하는 것이 좋습니다. 소득인정액이 기준 중위소득의 48% 이하인 가구는 신청하면 주거급여 수급자로 선정될 수 있습니다. 주거급여의 액수는 서울, 인천과 경기, 광역시와 세종시·수도권 외 특례시, 기타 지역별로 차등화되어 있고, 가구원 수가 많으면 더 많은 임대료를 받을 수 있습니다.

<사진 자료: 보건복지부 '복지로' 누리집 정지화면>

11

복지사각지대를 예방, 발굴, 지원할 수 있습니다

'수원 세모녀 사건'과 '대구 강도영 사건'을 사례 연구하여, 당사자가 신청하거나 주변인이 신고했더라면 비극을 피할 수도 있었을 것이라는 점을 알려드립니다. 지역사회보장협의체 위원, 통장·이장 등 주민지도자, 긴급복지지원 신고의무자와 관심 있는 시민이 복지사각지대를 예방하고 발굴하며 지원에 참여하는 방법을 제안합니다.

지방정부가 시민 복지교육을 실시하고, 민관협력으로 위기가구에 대한 관심과 지원을 늘리며, 정보통신기술을 잘 활용하면 고독사 등을 크게 줄일 수 있습니다.

수원 세모녀 사건

수원 세모녀' 비극... 생활고에 건보료 16개월 밀렸는데 아무도 몰랐다 _ 한국일보 박지영 기자 2022.08.22.

경기 수원시의 다세대주택에서 극단적 선택을 한 것으로 추정되는 세 모녀가 난치병 등 건강 문제와 경제적 어려움을 동시에 겪고 있었던 것으로 나타났다. 건강보험료도 16개월어치나 내지 못할 만큼 생활고는 극심했다.(중략)

유서에 '몸 아프다' 신병 비관... 극단적 선택 무게

22일 수원시와 화성시 등에 따르면 21일 오후 2시 50분쯤 수원 권선구 한 골목에서 "세입자 집에서 악취가 나는데 연락이 안 된다"는 신고가 접수됐다. 출동한 경찰과 소방당국이 문을 강제로 여니 60대 여성 A씨와 40대 두 딸이 숨진 채 발견됐다.

시신은 신원을 특정할 수 없을 정도로 부패한 상태였다. 경찰은 일단 세 모녀가 스스로 목숨을 끊었을 가능성에 무게를 두고 있다. 외부 침입 흔적이 없고, A씨와 작은딸이 작성한 것으로 추정되는 유서 내용이 근거다. 가족은 A4용지 크기 노트 9장에 듬성듬성 쓴 글씨로 '경제적으로 힘들다'

'몸이 아프다' 등의 어려움을 토로한 것으로 알려졌다.

건보료 1년 넘게 밀려도 아무도 몰랐다

세 모녀는 경기 화성시에 있는 지인 집에 주소를 등록해 놓고, 2020년 2월 현재 주거지로 이사했지만 전입신고는 하지 않았다. 이들은 지난해 3월부터 건보료를 내지 않았다. 주민등록상 거주지인 화성 기배동 주민센터 측은 지난달 전산에 건보료 체납 사실이 뜬 뒤에야 같은 달 19일 안내문을 발송했고, 이달 3일 주소지를 직접 찾았다. 주민센터 관계자는 "집에 가보니 한 지인이 세 모녀는 여기 안 살고, 연락도 안 된다고 했다"며 "상황이 이러면 우리도 실거주지를 알 방법이 없다"고 했다. 건보료가 밀리면 국민건강보험공단이 지자체에, 지자체는 다시 주민센터에 통보하는 절차를 거치는데 관계기관들은 16개월 만에 대응에 나선 것이다.

수원으로 거처를 옮겼지만 형편은 나아지지 않았다. 유서 내용과 지인들 증언을 종합하면, 큰딸은 하루에 12시간씩 경련을 하는 중병을 앓았고, 입원 생활도 길었다. A씨 가족을 본 이웃들은 하나같이 "딸이 한 명뿐인 줄 알았다"고 말할 정도였다. 최근에는 A씨도 암 투병 중이었다. 신고자인 집주인 자녀 B씨는 "올봄에 작은딸이 어머니도 아프다는 식으로 얘기했다"고 전했다. 이들이 살았던 집은 보증금

500만 원에 월세 42만 원이었는데 숨지기 직전인 6월 월세도 한 달 늦게 냈다. 당시 딸이 집주인에게 전화를 걸어 병원비 때문에 늦어졌다고 양해를 구했다고 한다. 취재진이 방문한 A씨 집 벽엔 "귀가하면 꼭 연락 달라"며 요금 체납을 짐작하게 하는 가스 점검원의 메모도 붙어 있었다.

이곳 지자체도 손을 놓고 있긴 마찬가지였다. 권선동 주민센터 관계자는 "숨진 가족이 기초생활수급 등 복지서비스를 신청하거나 상담한 적이 없다"면서 "전입신고라도 했다면 확인 방문을 통해 어려움을 파악할 수 있었을 것"이라고 말했다.

교류마저 단절... '찾아가는 복지' 무색

오랜 생활고 탓에 외부와의 교류를 단절하는 전형적 특징도 보였다. 사건 전까지 이 가족을 아는 주변 이웃은 거의 없었다. 같은 골목에 사는 60대 남성은 "어제 경찰이 와서야 사람이 죽은 줄 알았다"고 했다. B씨도 "집주인인 어머니조차 A씨 가족 얼굴을 본 게 지난 2년간 한 번밖에 없다고 하더라"며 안타까워했다.

빈곤과 질병에 시달리다 죽음을 맞는 가족 비극이 되풀이될 때마다 정부와 지자체는 '찾아가는 복지'를 다짐하지만, 복지망은 여전히 성글다는 게 다시 한번 드러난 셈이다.

https://www.hankookilbo.com/News/Read/A2022082215230000240?did=DA

이번 사건에서 발견된 문제점은 무엇일까?

당사자가 긴급복지지원을 신청했더라면 생계지원, 의료지원 등을 받을 수 있었을 것입니다. 긴급복지지원만으로 생활문제를 해결할 수 없었다면, 시·군·구에 의해 기초생활보장 수급자로 선정되어 생계급여, 의료급여, 주거급여 등을 받을 수 있었을 것입니다. 사망한 배우자의 채무를 떠안지 않도록 상속포기를 하였거나, 설령 채무를 떠안게 되더라도 파산과 회생절차를 신청했더라면 채권자로부터 숨어 살지 않아도 되었을 것입니다.

건강보험공단으로부터 위기가구로 통보받아 주민등록상 주소지를 방문한 공무원이 실제 거주지를 찾기 위해 노력하고 실제 거주지 행정복지센터와 위기가구를 발굴하여 지원했더라면 하는 아쉬움이 있습니다. 또한 암환자를 진료한 병원에서 환자가 필요한 치료를 받지 않으면 관리할 수 있어야 하는데, 환자가 의료기관을 쉽게 바꿀 수 있어서 추적조사를 하는데 한계가 있었을 것입니다. 복지제도는 당사자나 가족이 신청할 때만 받을 수 있는 '신청주의'를 원칙으로 하기에 이 사례처럼 당사자가 복지로나 행정복지센터에 신청하지 않으면, 사각지대에 방치되기 쉽습니다.

이번 사건을 통해 필요한 조치는 무엇일까?

정부는 이번 사건을 계기로 당사자가 신청하지 않더라도 각종 공적인 자료를 통해 정확한 위기가구 발굴, 신속하고 두터운 위기가구 지원, 新 복지 사각지대 발굴 및 지원 등 3개 분야 12개 과제를 담은 대책을 발표했습니다. 단전이나 단수, 건강보험료 체납 등 기존 34종의 정보를 활용해 위기가구를 발굴해 오던 것에 중증질환 산정특례나 주민등록 세대원 등 5종을 추가하였고, 채무조정 중지(실효)자 정보나 수도요금·가스요금 체납 정보 등 5종을 추가할 계획입니다.

정부는 실거주지와 등록거주지가 다른 위기가구라도 발굴대상자 명단에 연계된 연락처와 주소를 바탕으로 직접 전화를 걸고 가정에 방문해 상담이나 취업지원 등 필요한 조치를 취할 작정입니다. 지방자치단체가 위기가구 발굴 중 사망위기 및 사망의심가구의 구조나 구급 등을 위해 긴급히 필요할 경우 경찰과 소방의 협조를 통해 강제 개문할 수 있도록 관련 지침도 마련합니다. 이러한 조치는 사생활의 보호, 개인정보의 보호를 위한 법령과 근무자의 업무 관행에 비춰볼 때 실행되기는 쉽지 않습니다.

또한 위기가구를 제때 발굴하기도 어렵지만, 발굴된 수많은 위기가구를 정부가 적절하게 지원하기는 더욱 어렵습니다.

위기가구를 제도적으로 지원하려면 소득, 재산, 부양의무자 기준 등이 적합해야 하는데, 수급자 선정기준이 비현실적인 경우가 많아서 지원이 제대로 이루어지지 않습니다. 보건복지부가 국회에 제출한 '복지 사각지대 대상자 지원 현황'에 따르면 2021년 기준 전체 위기가구 133만9909명 중 '복지 서비스를 받지 못한 대상자'는 67만6035명으로 '복지 서비스를 받은 대상자(66만3874명)'보다 많았습니다. 복지 서비스를 받은 사람 중에서도 긴급생계비·의료비를 받은 위기가구(1만9664명)는 전체의 3%에 불과했고, 기초생활보장 수급자, 차상위계층에 편입되어 지원을 받은 사람은 각각 2만8611명(4.3%), 1만1180명(1.7%)에 그쳤습니다. 대부분의 위기가구는 일시적인 생계지원을 넘어 기초생활보장 수급자로 선정되길 희망하지만 복지제도의 벽은 너무 높습니다.

당사자가 도움을 요청하지 않으면 위기가구를 발굴하기 어렵고, 이웃의 삶에 무관심하면 '수원 세모녀 사건'과 비슷한 일은 늘어날 것입니다. 따라서 위기가구를 발굴하여 적절하게 지원하고, 동시에 빈곤과 불평등을 키우는 현실을 바꾸어 나가야 합니다. 이를 위해 고용, 소득보장, 의료보장, 주거복지, 조세제도 등을 광범위하게 혁신해야 합니다.

예컨대 건강보험공단은 소액의 건강보험료가 밀리면 요양

급여를 중지시키기 전에 가입자의 상황을 확인하여 체납보험료를 탕감하고, 정부도 체납보험료의 일부를 예산으로 지원해야 합니다. 집주인도 세입자가 경제적으로 어렵거나 만성질환이 있어서 집세를 제때에 내지 못한 경우에는 129번으로 전화하여 긴급복지지원을 요청해야 합니다.

산업화, 도시화, 핵가족화로 삶의 어려움으로 절벽 끝까지 내몰리고, 삶이 더 나아질 수 없다는 절망감을 가질 순간에, 누구의 손도 잡을 수 없다는 단절감을 가진 사람이 늘어날 것

<2019년 8월 서울 관악구의 40대 여성과 6살 아들이 아사한 사건의 모자 추모제. 사진, 빈곤사회연대>

입니다. 스스로 살기 어렵고 가족의 도움조차 받기 어려운 시민에게 정부가 사회보장·사회복지를 통해 삶의 희망을 주어야 합니다. 이웃과 사회도 공동체 정신을 가지고 더불어 살기 위해 주변을 살피고, 이웃에게 도움의 손길을 내밀 수 있어야 합니다. 품을 앗은 사람이 있어야 품앗이는 지속되고, 지속 가능한 사회를 만들 수 있습니다.

대구 강도영 사건

간병 살인이 드러낸 '영 케어러'의 고통, 국가는 어디 있었나 _ 경향신문 2021.11.07.

뇌출혈로 쓰러진 아버지를 홀로 간병하다 극심한 생활고 속에 아버지를 굶겨 사망에 이르게 한 22세 청년의 사연이 뒤늦게 알려지며 여론이 들끓고 있다. 누구보다 도움이 절실한 상황이었지만 공적인 지원은 닿지 않았다. 1심에서 존속살해 혐의로 징역 4년형을 선고받은 강도영 씨(가명)에 대한 항소심 선고(10일)를 앞두고 살해가 아닌 유기치사로 판단해 달라는 탄원이 이어지고 있다. 비극적인 사건이 공론화한 것을 계기로, 가족돌봄과 간병을 도맡은 25세 미만 '영 케어러'(Young Carer)를 위한 지원책 마련을 촉구한다.

> 인터넷 언론 '셜록'의 탐사보도로 알려진 죽음의 이면을 파헤치다보면 간병 살인으로 이어진 절망적 과정이 그대로 드러난다. 강 씨의 아버지는 대구에서 공장 노동자로 일하다 지난해 9월 뇌출혈로 쓰러져 온몸이 거의 마비됐다. 2000만원에 이르는 병원비는 강씨의 삼촌이 부담했지만, 이후 생계가 막막해진 강씨는 아버지를 퇴원시켰다. 생활비를 벌고, 24시간 간병하는 일상이 이어졌다. 아무리 발버둥쳐도 빚 독촉과 생활고를 피해갈 수 없었다. 전기와 가스, 식량이 차례로 끊겼다. 비극을 직감한 아버지는 '필요한 게 있으면 부를 테니 방에 들어오지 말라' 했고, 자포자기한 강씨는 아버지가 숨진 이후 경찰에 신고하고 체포됐다. (후략)
>
> https://www.khan.co.kr/opinion/editorial/article/202111072033005

이번 사건에서 발견된 문제점은 무엇일까?

당사자나 삼촌이 129번으로 전화하거나 시·군·구청에 긴급복지지원을 신청했더라면 생계지원, 의료지원 등을 받을 수 있었을 것입니다. 긴급복지만으로 생활문제가 해결되지 않으면 시·군·구는 국민기초생활보장제도를 통해 생계급여, 의료급여(2종), 주거급여를 지원하였을 것입니다.

당사자와 삼촌이 병원에서 건강보험만으로 치료받고, '본인부담금 한도액' 제도를 이용했더라면 의료비를 크게 줄일 수 있었을 것입니다. 병원 원무과나 의료사회복지사가 환자 가족에게 '재난적 의료비 지원제도'를 알려주고 이를 활용했더라면 의료비 부담을 크게 낮출 수 있었을 것입니다. 직장인으로 건강보험료를 매달 내는 삼촌조차 건강보험의 본인부담금 한도액제도와 재난적 의료비 지원제도 등을 활용하면 의료비를 획기적으로 줄일 수 있다는 것을 몰랐던 것은 사회문제입니다. 국민건강보험공단이 보험료를 부과하고 징수하는 데는 역점을 두면서, 가입자가 요양급여 등을 효과적·효율적으로 활용하는 교육을 경시한 탓이라고 봅니다.

이번 사건을 통해 필요한 조치는 무엇일까?

정부는 모든 국민이 위기에 처하면 129번으로 전화하여 긴급복지지원을 요청할 수 있다는 것을 상식으로 알고 활용하도록 체계적으로 알려야 합니다. 건강보험공단과 정부는 모든 국민이 건강보험의 급여, 본인부담금 한도액, 재난적 의료비 지원제도 등을 활용할 수 있도록 교육해야 합니다.

병원 원무과는 환자의 지불 능력에 상응하는 긴급복지지원제도, 재난적 의료비 지원제도 등을 안내해야 합니다. 병원과 요양병원 의료진 등은 환자나 가족이 진료비 부담으로 치료를 기피하거나 거부하면, 환자에게 긴급복지지원(의료지원) 등을 안내하고, 신고의무자로서 129번으로 신고해야 합니다. 정부는 긴급복지신고의무자 뿐만 아니라 모든 국민에게 긴급복지지원제도, 국민기초생활보장제도 등 공공부조와 사회수당에 대한 복지교육을 생애주기별 맞춤형으로 실시해야 합니다. 긴급복지신고의무자에 대한 교육을 위기 상황별로 사례를 중심으로 하면 위기가구의 발굴과 지원을 획기적으로 높일 수 있습니다. 예컨대, 병원에 환자가 입원하면 환자와 그 가족에게 건강보험, 의료급여, 재난적 의료비지원제도 등의 주요 사항을 담은 팜플렛을 제공하여 의료비를 합리적으로 감당하도록 해야 합니다.

정부는 이번 사건을 계기로 가족을 돌보느라 학습과 취업 등에 전념할 수 없는 '영 케어러'를 위한 시범사업을 하는데, 모든 국민이 '건강보험 하나로' 치료와 간병을 받을 수 있는 체계(간호간병통합서비스 등)를 확대시켜 가족의 간병 부담을 확 줄여야 합니다. 또한, 노인장기요양보험은 노인과 노인성 질환으로 일상생활에 어려움을 겪는 사람에게 재가급여와 시설급여를 제공하는데, 모든 연령층을 포괄하는 '장기요양보험'으로 바꾸기 위한 사회적 논의를 시작해야 합니다.

<2021년 12월 20일 "청년간병인 강도영, 우리 사회에 남은 과제는?"
주제 토론회. 사진, 어린이부터어르신까지병원비백만원연대>

금천 60대 고독사 사건

'고독사 고위험군' 60대男, 성탄절 밤 숨져… 연간 3000명 넘어 _ 머니S 입력: 2023. 12. 29.

고독사 고위험군으로 분류된 60대 남성이 지난 25일 숨졌다. 성탄절 밤 고독사 고위험군으로 분류됐던 60대 남성이 서울 금천구 한 단독 주택에서 숨진 채 발견됐다.

29일 뉴시스에 따르면 지난 25일 오후 11시 48분쯤

60대 초반 남성 A씨의 고독사가 의심된다는 신고가 접수됐다. 현장에 출동한 소방은 주택 내부에 인기척이 없자 문을 개방했고 사망한 A씨를 발견했다. 배우자나 자녀 등 가족이 없던 A씨는 저소득 계층으로 생계와 주거급여 등을 받아 생활해 온 것으로 조사됐다. 그는 지병이 있어 직업을 갖지 못했던 것으로 파악됐다.

서울시가 실시한 '사회적 고립 1인가구 실태조사'에서 A씨는 고독사 고위험군으로 분류됐고 금천구청이 '스마트플러그 관제센터'를 통해 관리해 온 것으로 파악됐다. 스마트플러그는 대상자가 사용하는 전자제품 전력량과 빛 밝기를 감지해 장시간 변화가 없으면 기관에 위험 신호를 보내 빠르게 대응에 나설 수 있도록 하는 장치다. 지난해부터는 감지 결과를 24시간 모니터링할 수 있게 됐다.

숨진 A씨의 거주지에 설치된 스마트플러그상 지난 23일까지는 전기량과 조도 변화가 있었다. 하지만 크리스마스이브인 지난 24일 전기 사용이 끊긴 것으로 확인됐다. 이를 모니터링하던 기관 관계자가 소방에 신고해 사망 이후 하루가 지나기 전 A씨를 발견할 수 있었다.

보건복지부에 따르면 지난 2021년 기준 3378건으로 연간 3000명 이상이 고독사로 생을 마감한다. 서울시가 올해 실시한 '사회적 고립 1인가구 실태조사' 결과에 따르면 고독사 고위험군 가구는 총 5만2718 가구다. 이중 남성은 53%, 여성은 47%다. 연령은 60대 36.1%, 70대 26.5%, 50대 19.4%, 80대 이상 16.6% 순이다. A씨가 속한 60대 남성이 실태조사 결과 고독사 고위험군 비율이 높다.

서울 금천경찰서는 A씨 사망에 범죄 혐의점이 없는 것으로 보고 시신을 가족에 인계했다.

https://v.daum.net/v/20231229101240547

이번 사건에서 발견된 문제점은 무엇일까?

이번 사건에서 발견된 문제점은 "별로 없다는 것 자체가 문제점"이라고 할 수 있습니 다. 해당 구청은 지병이 있고 혼자 사는 60대 남성을 국민기초생활보장 수급자로 선정하여 생계급여와 주거급여 등을 제공하였습니다. '고독사 위험군'으로 인지하고 '스마트플러그 관제센터'를 통해 그 집의 전자제품 전력량과 빛 밝기를 감지해 왔습니다. 관제센터는 그 집에 23일까지는 조도 변화가 있었지만 24일에 전기 사용이 없는 것을 보고 소방에 신고하여 사망 이후 하루가 지나기도 전에 발견했습니다.

이 사람은 혼자 살다 죽었지만 사망한 날에 발견되어 '고독사 예방 및 관리에 관한 법률(약칭: 고독사예방법)'에 따른 "고독사" 통계에 포함되기 어렵습니다. 이 법 제2조는 "이 법에서 '고독사'란 가족, 친척 등 주변 사람들과 단절된 채 사회적 고립상태로 생활하던 사람이 자살·병사 등으로 임종을 맞고, 시신이 일정한 시간이 흐른 뒤에 발견되는 죽음을 말한다."인데, 흔히 행정기관은 "48시간 이상 흐른 뒤에 발견"된 경우에 "고독사 통계"로 산출하기 때문입니다. 사회 통념상 '고독사'라고 해도 "고독사 통계"에는 계산되지 않을 수도 있습니다.

2022년 정부가 최초로 실시한 고독사 실태조사에 따르면, 2021년 국내 고독사 사례는 총 3378건으로 최근 5년간 연평균 8.8% 증가했습니다. 1인 가구 표본조사 결과 고독사 위험군은 약 152만 5000명으로 추정되며, 정서불안과 경제난을 겪는 청년, 경제·사회적 문제를 안고 있는 중장년, 건강이 약화된 노인 등 생애주기별 위기 요인도 다른 것으로 나타났습니다.

이에 보건복지부는 2023년 5월에 '제1차 고독사 예방 기본계획(2023~2027년)'을 발표했습니다. 지역 주도형 대응체계 구축, 생애주기별 서비스 연계로 오는 2027년까지 고독사 수를 20% 감축한다는 계획입니다. 2021년 기준 전체 사망자 100명당 고독사 수는 1.06명었는데, 이를 2027년까지 0.85명으로 줄이는 것이 목표입니다.

하지만, 고독사 예방을 위한 실정은 아직 갈 길이 멉니다. 정부와 지방자치단체 간 고독사 통계 조차 맞지 않습니다. 지난 2023년 10월 국회 보건복지위원회 국정감사에서 보건복지부가 제출한 자료에 따르면, 최근 3년간(2019~2021년) 서울지역 고독사 통계를 보건복지부는 526건, 571건, 619건으로 조사한 반면, 서울특별시는 69건, 51건, 76건으로 파악하였습니다. 이와 관련해 보건복지부는 조사 체계의 차이라고 해명했지만, 그 차이가 너무 커서 표준화된 통계가 꼭 필요합니다.

고독사는 고독한 삶의 결과입니다. 따라서 "고독사"가 문제가 아니라, "고독한 삶" 혹은 "고립된 삶"이 문제라는 시각의 변화가 필요합니다. 고독사를 줄이려면 고독하게 사는 사람의 수를 줄여야 합니다.

이번 사건을 통해 필요한 조치는 무엇일까?

고독사는 고립된 삶의 결과물이기에 왜 사람들이 고립되어 사는지를 확인하고 그 대안을 찾아야 합니다. 우리나라는 현재 1인가구가 전체 가구의 약 35%인데, 이는 750 만명(전체 인구의 약 15%)이 혼자 산다는 뜻입니다. 대구·경북지역 고독사 통계에 따르면 20대에서 60대까지 청년과 중장년층이 대구에서 76%, 경북에서 86%로 나타났습니다. 이러한 비율은 다른 지역도 유사할 것입니다. 혼자 사는 노인의 안부는 맞춤형 돌봄과 노인장기요양보험 등을 통해 확인되지만, 청년과 중장년층은 사회적 관심에서 벗어난 경우가 많기 때문입니다.

흔히 청년은 비혼으로, 중장년은 이혼과 별거로, 노년은 사별로 혼자 사는데, 혼자 사는 사람이 늘어나면 고독사도 늘어나는 경향이 있습니다. 따라서 청년이 결혼하여 살고, 중장년이 가족과 함께 살며, 노년에 사별해도 공동생활가정 등에서 더불어 살 수 있는 환경을 조성해야 합니다.

또한 고독사는 빈곤의 산물인데, 혼자 사는 사람은 다인가구에 비교해 가난하게 사는 경향이 있습니다. 국토연구원이 2023년에 발표한 '영구임대주택 입주자의 사회적 고립과 자살 예방을 위한 지원 방향' 보고서에 따르면, 2018~2022년 공공임대 주택 입주자 중 자살은 220건, 고독사는 193건으로 합계 413건이었습니다.

공공임대주택 중에서도 생계·의료급여 수급자 등이 주로 입주하는 영구임대주택에서 자살 및 고독사가 많았습니다. 2020년 기준으로 전체 자살 사건의 87.8%(29건), 고독사의 92.9%(39건)가 영구임대주택에서 발생했습니다. 2022년에 공공임대주택에서 총 48건의 자살 사건이 발생했는데 이 중 절반 이상(56%)이 1인 가구였습니다. 연령별로는 전체 자살 사건 중 60세 이상이 58%에 달했습니다. 극심한 빈곤이 자살로 이어지고 있는데, 이는 “사회적 타살”이라고 볼 수 있습니다.

영구임대주택에도 자살 예방 등을 위해 주거복지사를 배치하고 있지만 크게 부족한 실정입니다. 2023년 기준 주거복지사 1명이 1285명을 관리하고 있어, 입주민의 정신 건강을 면밀히 살피기는 어렵습니다. 박기덕 부연구위원은 “입주자의 정신 건강 증진을 위해 단지 내에 설치된 지역사회복지관에 정신건강사회복지사를 확대 배치하고, 이웃간 교류를 높일 수 있는 주거환경 개선 작업이 적극적으로 진행돼야 한다”고 제안했습니다.

https://v.daum.net/v/20231225203817141

고독하게 사는 사람을 줄이기 위한 사회적 노력이 꼭 필요합니다. 예컨대, 서울시 강북구에서는 사회적 고립가구를 살피고 고독사를 예방하기 위해 ‘우리동네돌봄단’이 활동합니다. 돌봄단은 동네를 잘 아는 지역 주민들이 고독사 위험가구의 안부를 주 1회 이상 확인하며 이웃 간의 관계망을 형성하는 사업입니다. 전화 및 방문을 통해 정기적으로 근황을 살피고, 도움이 필요한 사람이 있다면 동행정복지센터로 연계하는 역할도 수행합니다. 돌봄단은 개별적으로 안부확인 활동을 펼치고, 동별로 이들과 함께 산책 및 나들이, 요리 프로그램, 웃음치료 교실 등 다양한 활동을 펼치고 있습니다. 돌봄단은 최대 월 48시간(주 3일 12시간, 1일 4시간 이내)을 활동하고, 매월 최대 39만 6000원 활동비를 받습니다. 이 활동은 서울시 복지재단과 함께 하는 사업입니다.

https://v.daum.net/v/20231227071122992

고독사 위기가 상대적으로 높은 1인 가구를 위해 휴대전화에 '안심서비스 앱'을 설치하는 것도 좋겠습니다. 대구지역에서는 사회복지공무원이 혼자 사는 주민의 집을 방문하여 휴대전화에 '안심서비스 앱'을 설치하도록 안내했습니다. 이 앱은 일정 시간 동안 휴대전화를 사용하지 않으면 가족들에게 긴급 문자를 발송하는 것입니다. 1인 가구가 위급 상황에 놓였을 때 보다 빨리 도움을 받을 수 있어서 청년과 중장년층의 고독사 위험을 크게 줄인 것으로 평가받고 있습니다.

https://v.daum.net/v/20240104192039077

광주광역시 서구는 2019년 하반기부터 '통합돌봄 선도사업'을 시작으로 2023년에 광주다움 통합돌봄과 복지부 노인

의료·돌봄 통합지원 시범사업을 추진하였습니다. 그동안 통합돌봄 추진을 위한 전담조직을 설치해 보건·의료·주거·복지·교육 등 90개 소의 기관·직종과 협력체계를 구축했으며, 전국 최초로 개소한 재택의료센터와 전국 유일 고령자 스마트케어 서비스 구축, 전국 최다 스마트돌봄 정책 등을 추진해 정부·학계 학술회에서 서구 사례를 소개하는 등 돌봄도시를 구축했습니다. 통합돌봄 선도 사업은 계속되는데, 사회적 돌봄이 필요한 사람이 집에서 '의사 왕진'과 같은 서비스 등을 받아 인간다운 생활을 할 수 있도록 설계되었습니다.

https://v.daum.net/v/20231205164112049

노인, 장애인, 환자, 은둔형 외톨이, 가난한 사람을 포함한 모든 국민이 헌법상 규정 된 '인간다운 생활을 할 권리'를 누릴 수 있도록 '국가는 사회보장·사회복지의 증진에 노력할 의무를 진다'는 '헌법 준수'를 확실하게 실천해야 합니다. 고독사를 줄일 뿐만 아니라 고립된 삶을 줄어야 하고, 복지사각지대의 예방과 발굴을 넘어 모든 사람이 행복을 추구하는 삶을 살 수 있도록 지혜를 모아야 합니다.

참고문헌

· 김희성·이재법(2023), 모든 국민이 상식으로 알아야 할 국민기초생활보장제도 2023년, 복지공동체.
· 보건복지부(2023), 2023년 국민기초생활보장사업안내.
· 박지훈(2019), 사회복지 공무원이 설명하는 국민기초생활보장제도, 북랩.
· 사회복지공무원 20인(2022), 나는 사회복지공무원의 길을 간다, 인간과복지.
· 이용교(2020), 국민연금상식, 드림미디어.
· 이용교(2020), 디지털 사회보장론, 학지사.
· 이용교(2020), 알아야 챙기는 복지상식, 인간과복지.
· 이용교(2020), 활기찬 노년생활, 학지사.
· 이용교(2021), 알아야 챙기는 건강보험상식, 인간과복지.
· 이용교(2021), 알아야 챙기는 주거복지상식, 인간과복지.
· 이용교(2021), 코로나19 시대의 복지상식, 드림미디어.
· 이용교(2022), 더불어 사는 복지상식, 드림미디어.
· 이용교(2023), 나와 가족을 위한 복지상식, 드림미디어.
· 이용교(2024), 초고령사회에서 복지상식, 드림미디어.

관련 기관 누리집

고용노동부 http://www.moel.go.kr

광주드림 http://www.gjdream.com

교육비원클릭신청시스템 http://oneclick.moe.go.kr

국민건강보험공단 https://www.nhis.or.kr

국민연금공단 https://www.nps.or.kr

보건복지부 http://www.mohw.go.kr

보건복지부 보건복지상담센터 http://www.129.go.kr

보조금24 https://www.gov.kr/portal/rcvfvrSvc

복지로 http://www.bokjiro.go.kr

빈곤사회연대 http://antipoverty.kr

서울복지교육센터(공유복지플랫폼) https://wish.welfare.seoul.kr

서울주택도시공사 https://www.i-sh.co.kr

세상을 바꾸는 사회복지사 http://www.sebasa.org

시민과 함께 꿈꾸는 복지공동체 http://cafe.daum.net/ewelfare

여성가족부 http://www.mogef.go.kr

워크넷 http://www.work.go.kr

중앙주거복지센터(서울주거상담) https://www.seoulhousing.kr

직업훈련포털 https://www.hrd.go.kr

참여연대 http://www.peoplepower21.org

한국보건복지인재원 https://www.kohi.or.kr

한국보건사회연구원 https://www.kihasa.re.kr

한국사회보장정보원 http://www.ssis.or.kr

한국사회복지사협회 http://www.welfare.net

한국사회복지협의회 https://www.bokji.net

한국장학재단 https://kosaf.incruit.com

한국토지주택공사 https://www.lh.or.kr

이용교

중앙대학교와 동 대학원에서 사회복지학을 전공하여 문학박사를 취득하였다. 한국복지정책연구소와 한국청소년정책연구원에서 연구위원으로 일하였고, 광주대학교 사회복지학부 교수로 재직하며, 한국복지교육원을 운영하고 '복지평론가'로 활동하고 있다.

한국청소년복지학회 회장, 국제사회복지학회 회장, 글로벌청소년학회 회장, 한국지역사회학회 회장을 역임하였고, 한국사회복지학회 총무위원장, 한국사회복지교육협의회 인증분과위원장, 광주광역시사회복지사협회 회장, 한국사회복지역사학회 회장, 사회보장위원회(위원장 국무총리) 위원, 사회복지공동모금회(중앙회) 배분분과실행위원으로 일하였다.

이메일　ewelfare@hanmail.net (강의 문의와 상담)
카　페　http://cafe.daum.net/ewelfare

이 연구는 2024년도 광주대학교 대학 연구비의 지원을 받아 수행되었음

복지사각지대 예방과 발굴(제2판)

저자 · 이용교

발행인 · 이명묵
디자인 · 김선미

발행일 · 2024.2.1.
발행처 · 도서출판 인간과복지
신　고 · 제 2019-000007호
주　소 · 경기도 파주시 회동길 145
아시아출판문화센터 301호
전　화 · 02-383-0743
팩　스 · 02-382-3486
이메일 · hwbook22@daum.net
카　페 · https://cafe.daum.net/hwbook1

값 · 12,000원

ISBN 978-89-8007-228-6 93330